グローバル関係学 1

グローバル関係学とは何か

グローバル関係学 1

グローバル関係学とは何か

編集 酒井啓子

岩波書店

刊行にあたって

二一世紀に入り、ＩＳなど武装勢力の突発的な出現、国家破綻と内戦の頻発、路上抗議行動の連鎖など、世界で動乱が多発している。大規模な人の移動が発生し、反動で排外主義や偏狭なナショナリズムが進行している。新型コロナウイルスの世界的感染拡大は、「グローバルな危機」そのものだ。

これらの「グローバルな危機」の、広範な波及性や連鎖性、唐突さは、必ずしも現代にのみ特徴的なものではない。しかし、その原因や背景の多くについて、主に欧米の国家主体を分析対象としてきた従来の学問分野は、十分に解明できていない。なぜなら、既存の学問分野が「主語」のある、主体の明確な出来事しか分析対象とせず、伝統的、古典的な主体中心主義の視座を取っているために、今起きている現象とますます乖離してきているからである。

それに対して、本シリーズが提唱する「グローバル関係学」は、主体よりもその間で交錯するさまざまな「関係性」を分析することに重きを置く。関係性が双方向、複方向的に交錯し連鎖するなかで出来事が起きると捉え、関係性の網のなかにこそ、澱や瘤のように「主体」が浮き彫りになると考える。

「グローバル関係学」とは、狭い範囲の地域共同体から超領域的グローバルなネットワークまで、非欧米世界を含めた世界を総体として把握する視座を確立し、主体中心的視座で「みえなかった／みなかった」ものを、関係中心的視座から「みえる」ようにすることを目的とする新しい学問である。

（編集代表　酒井啓子）

編集代表
酒井啓子

編集委員
松永泰行
石戸光
鈴木絢女
末近浩太
遠藤貢
福田宏
後藤絵美
松尾昌樹
森千香子
五十嵐誠一

目次

序章　グローバル関係学はなぜ必要なのか——概説

酒井啓子

はじめに——「ニュースな出来事」は国家主体が生み出す?

過去五〇〇年の間に、世界は徐々に一つの戦略的空間になってきた。…しかし、国連や数々の危機的状況でわたしが観察した現実はまるで異なる。国力が限界を迎えると国内政治との関連性が失われるが、グローバルな問題はグローバルな政治を生み出さない。…世界が思想で結びつくことが一段と少なくなっている現在、世界はグローバルな課題に、ときには従来の秩序では対処しきれない脅威に、これまで以上に直面している。（ゲーノ二〇一八：六〇八—六〇九）

世界では今、どのような出来事が起きているのだろうか。わたしたちは、世界のどのような出来事がわたしたちの生活や人生に関わりがあると考えているのだろうか。

表0-1は、日本の通信社である時事通信と、アメリカの超党派シンクタンクである外交問題評議

表 0-1　2019 年日米メディア・シンクタンクによる国際十大ニュース

	時事通信海外十大ニュース	米外交問題評議会による十大ニュース
1	抗議デモで香港騒乱	(世界各地で)デモ隊，街頭に出る
2	米中貿易摩擦激化	米議会，トランプ大統領を弾劾
3	米大統領，初の北朝鮮入り	米，シリア・クルドに対する支援終了
4	笑顔の渋野，メジャー制覇(ゴルフ)	インド，ヒンドゥーナショナリズムを受容
5	英 EU 離脱で混迷，選挙で決着	アマゾン地域，大火災
6	核合意履行停止で米イラン緊張	ペルシア湾岸地域で緊張高まる
7	ノートルダム大聖堂炎上	中米移民の脱出増加
8	イチロー引退，国民栄誉賞は辞退(大リーグ)	米中貿易摩擦続く
9	米離脱で INF 全廃条約失効	ブレグジットで英政治混乱
10	IS「国家」崩壊，最高指導者も死亡	北朝鮮・米核協議，行き詰まる

会が発表した、二〇一九年の「十大ニュース」で挙げられたニュースである。時事通信を選んだのは、過去三〇年にわたり毎年「十大ニュース」を発表しているから以外には特に理由はなく、米外交問題評議会も同様に過去に遡れるために選んだだけであるが、他のメディアや調査機関もおおよそ似たような選択だろう。

選ばれた出来事を誰、あるいは何が引き起こしているかを見ると、日本の場合はアメリカ以外では、中国、北朝鮮と東アジアの国々が多い。アメリカの場合は中南米、インド、ペルシア湾岸などの広域にわたる国々の名前が挙がっている。地域の違いはあれど、いずれも半分以上が「国」、すなわち国家主体を主語とする出来事を取り上げている。世界を揺るがす出来事の多くが「国」だ、ということなのだろうか。

次に、時事通信の「海外十大ニュース」を冷戦末期、すなわち一九八九年から経年的にみてみよう(図0-1)。ここではその記事が、ニュースになった出来事を起こした主体をどのような種類のものと記述している

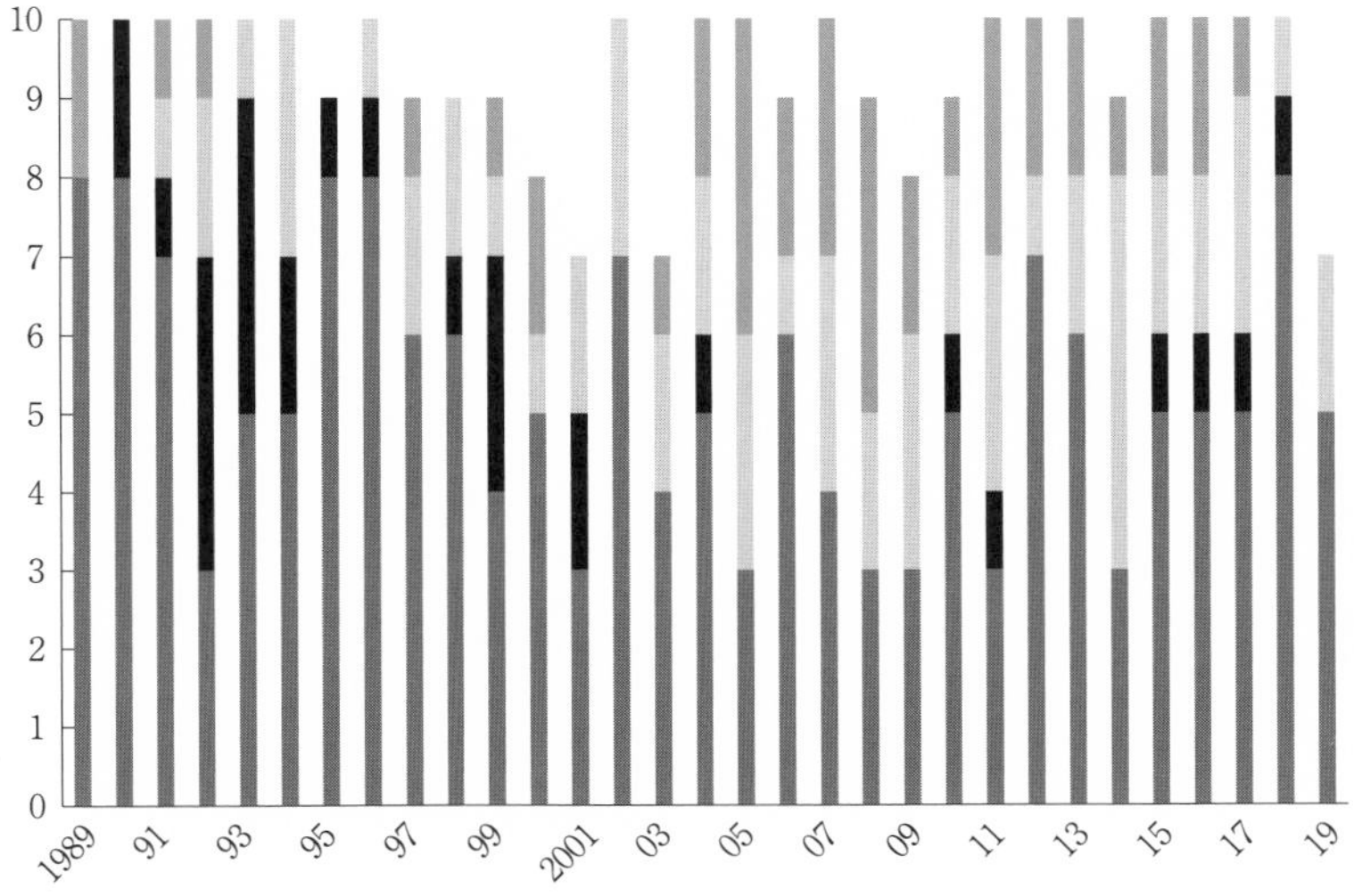

図 0-1　時事通信海外十大ニュースの「主語」の種類の変化

かで分類して、主語となった主体ごとに変化をみたものである。つまり、主語を「国」、すなわち国家主体とする記事、国家主体を単位として成り立つ国家間同盟や国際機関、地域統合体など超国家主体とする記事、少数民族や運動体、難民や企業など非国家主体とする記事、そして環境や災害、景気動向など主語となりうるべき行為主体が人間ではない現象（ここでは非・人間主体と呼ぶ）に分類した（「10」に満たない年は、スポーツ等その他を省いたもの）。これをみると、過去三〇年間、ニュースに取り上げられた出来事の半分から多いときには八割が、国家主体を主語にしたものであることがわかる。表0-1でみられる傾向と大きく変わらない。

だが、ここで注目したいのは、一貫し

て国家主体が「世界の出来事」の主人公だったわけではない、ということである。一九九二年から九四年、一九九九年から二〇一七年の間（二〇〇二年、二〇〇六年、二〇一二－一三年を除く）は、他の時期に比較すれば、国家主体は表舞台からやや引いている。その分ニュースの主人公となったのは、ひとつには非・人間主体による出来事（二〇〇五年の鳥インフルエンザやパキスタンでの地震、二〇〇七－〇八年リーマン・ショック）がある。もうひとつは、非国家主体が取り上げられることが増えたことで、イラク戦争後の中東、欧米各地での内戦やテロ事件の発生（二〇〇二年、二〇〇七年）や「イスラーム国」（IS、二〇一四年）の台頭を反映している。

一方で、二〇一八年には再び関心の中心が国家主体に移っている。これは、非国家主体のISが弱体化したことと、トランプ米大統領の登場によってアメリカに「自国中心主義」が定着したこと、そして中国、インドなどの新興大国間の覇権抗争や地域大国間の緊張の高まりといった現象が注目されたせいである。国家主体は、多少の揺らぎはあるものの、引き続き国際ニュースの主役とみなされ続けている。

この認識は、メディアに留まることではない。図0-2は、国際関係論で国際的にトップジャーナルである『国際機関（*International Organization*, IO）』に掲載された論文の分析対象が国家主体か超国家主体か、非国家主体なのかを論文タイトルから判断し、グラフにしたものである。ジャーナルの性格上、地域統合体や国際機関などの超国家主体を扱った論文や理論系の論文（その他に分類される）が多いが、それでも非国家主体よりも国家主体を分析対象とするケースが多い。超国家主体も、EUやNATO、国連など国家主体を単位としたものだと考えると、国家主体の存在を前提とした論文は、ジャーナル掲載論文のうち二割から四割程度となっている。

こうした傾向は、国際政治(international politics)、すなわち「国と国との間の政治」である以上、当たり前なのかもしれない。だが、重要な出来事のほとんどが国家主体によって動かされていて、国家主体の行動の意図を研究していれば世界の動向はわかる、という認識で、大丈夫なのだろうか。国際政治の舞台で、国家主体さえおさえておけば、国際社会の安全と安定を脅かすさまざまな出来事は、コントロールできるのだろうか。

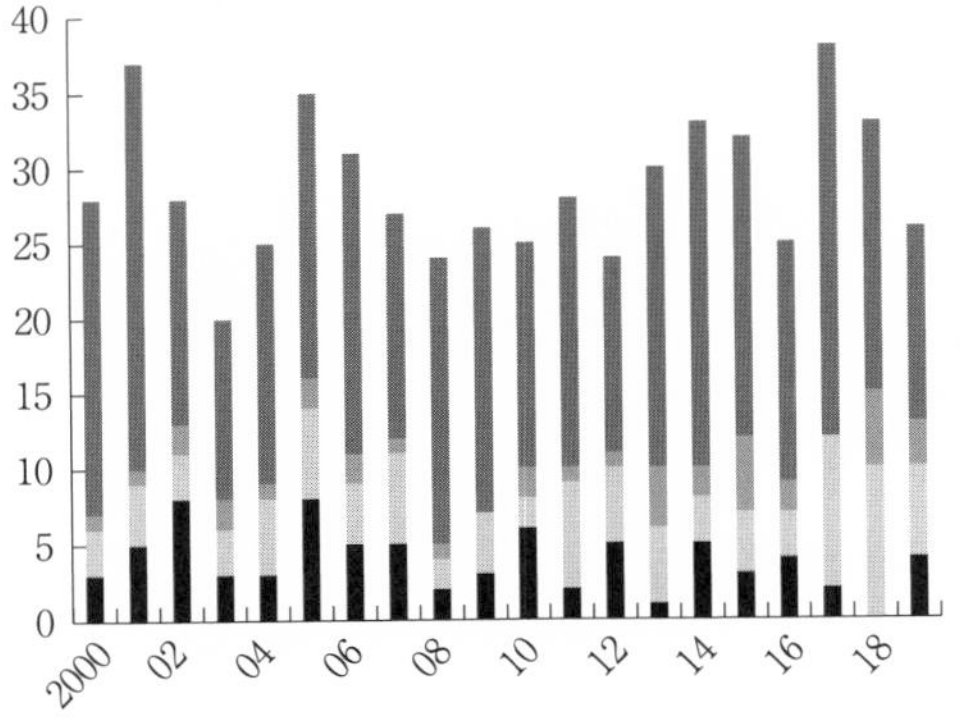

図 **0-2**　IO 所収論文のテーマ

この叢書シリーズのタイトルである「グローバル関係学」は、その問いに答えようとするものである。正式には「グローバルな危機を把握、分析するための、関係学的視座に立つ学問」であり、国際政治が主体(特に国家主体)によって動かされている、という主体中心的な考えでは、現代のグローバルに発生するさまざまな危機を説明できない、との認識を前提とする。

そのことは、図らずも二〇二〇年初頭以降、世界を揺るがしている新型コロナウイルスの爆発的感染拡大を前に、国家がその無力をさらけ出していることにも、象徴されている。主体であるウイルスの本質を研究することが必要であることは無論であるが、それ以上に、どのような関係のもとでそれが拡散するのか（感染経路）、その拡散によってそれまで存在していた関係がどう変化していくのか（防疫のための封鎖措置）といったことが、国家のコントロールを超えて世界のありようを激変させている。さらには、コロナ禍に平行して瞬く間に世界に拡散した「黒人の命も大事」運動（Black Lives Matter）もまた、国家主体の間の関係のみを見ているのでは、捉えられない現象である。

そうした認識のもとに新たに提示するのが、「グローバル関係学」だ。

一　「主語のない世界」を「みる」ために

非国家主体はなぜ、「みえない」か

もうひとつグラフをみてみよう。図0-3は、ウプサラ大学紛争データプログラムのデータを元に作成したもので、世界の紛争件数を主体の種類別に見たものである。これによれば、国家主体による紛争は一九九九年までは一貫して主流にあったが、二〇〇〇年代の最初の一〇年間は国家主体、非国家主体それぞれが主導する紛争の数が拮抗する形となり、二〇一一年以降は非国家主体による紛争の数が国家主体によるそれを凌駕している。

ここからわかることは、ニュースやそれをみる人々の間では国家主体は国際政治の主役であり続けているが、その影で世界の安全と安定を脅かす紛争の多くは、非国家主体によって起きているということである。

しかし、これらの非国家主体を主語とする紛争は、わたしたちにはメディアを通じては情報が届けられにくく、わたしたちの日常生活のなかにはみえてこない。にもかかわらず、わたしたちにみえていないところで進行している非国家主体による紛争は、しばらくの期間を経て、しばしば国際社会の耳目を引く大きな出来事へと発展する。それが、アルカーイダが関与したとされる9・11事件後の各地でのテロ事件(二〇〇二年、二〇〇五年)やアラブの春(二〇一一年)、ISの台頭(二〇一四年)やシリア難民の欧州流入(二〇一五年)などのように、図0-1の「十大ニュース」に登場する非国家主体を主語とする出来事だ。これらの非国家主体がかかわる活動は、それまでも主として非欧米地域で小規模な形で、形態をさまざまに変化させながら、わたしたちにみえないところで展開されてきた。しかし、9・11事件のように、欧米先進国が関係して初めて、そうした出来事は「わたしたちのニュース」として立ち現れる。

こうした非国家主体が起こす出来事は、十大ニュースになるまでなぜわたしたちの目にみえないのだろうか。そもそも情報自体が少ないことは言うまでもない。特に、反体制運動や少数民族、紛争の正確な戦況など、実態を当該国家が明らかにしたくない場合は、統計が十分発表されない、という問題もある。

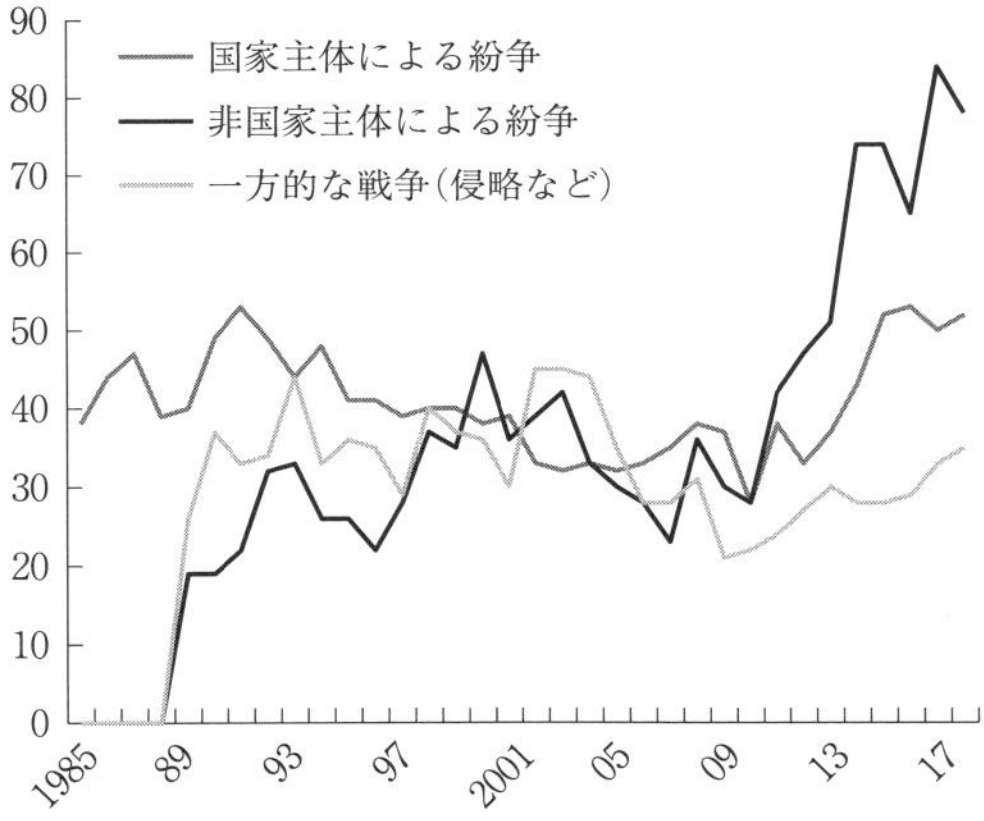

図 **0-3**　世界の紛争件数

だが情報不足よりも重要なのは、非国家主体がみえないのは実はそこに「主体」として特定しうる、わかりやすく明確な存在がないからだ、ということである。何らかの非国家主体が大事件を起こしたとき、世界の政治家や学者、メディアはこぞって、その非国家主体が何者かを必死に探る。だがたいていの場合、その出来事の背景にあるのは、統一的な意思を以て行動してきた確固とした「主体」ではない。むしろ、さまざまな背景とさまざまな思想、行動様式、文化、性格を持ったものたちが、さまざまな経緯、きっかけによって流れに合流するようにつながっていき、出来事や現象を引き起こしている。流れの中で浮上するなんとなくのまとまりが、なんらかの形で相互に関わって、出来事が起きる。しかし、いったん出来事が起きると、その出来事を起こした「主語」が何か、に注目が集まる。つまり、出来事のあとに、主語に値する一体性をもった「主体」が生まれるのだ。「発見される」と言い換えてもいいかもしれない。「主体」があらかじめ存在していたかのように、非国家主体が事後的に、浮き彫りにされるのである。

アルカーイダを例に考えてみよう。9・11事件が起きて初めて、世界は「アルカーイダ」なる非国家主体の存在に注目し、それが「主体」としてどのように発生し、どういう組織なのかに関心が寄せられた。だが、9・11事件後に浮き彫りにされたアルカーイダという「主体」は、9・11事件以前にそのネットワークに関わっていた人々の集団と、必ずしも同じではない。八〇年代にアフガニスタンでソ連の軍事支配に抵抗するために海外からはせ参じた人々がいれば、エジプトやパレスチナでイスラーム主義運動への弾圧をかいくぐって海外に活動場所を移した人もおり、また西欧で学ぶ中でムスリムとしてのアイデンティティを深く再考した人々もいる。決して統合され制度化された組織ではなかったのが、一九九〇年代のアフガニスタン国内の情勢、米ソなどグローバルな大国の政策転換、イスラーム世界を取り巻く状況変化など、さまざまな環境変化を経て、9・11という出来事が起こる。いったん出来事が起こると、そのことによって、それに関与した人々に集団名が付けられ、思想や出自背景や社会経済的地位などが共通した、一体性をもって動く組織である、と認識される。

新型コロナウイルス感染患者のクラスターは、もっとわかりやすい例かもしれない。多数の感染が確認されて初めて、ある場所、環境が「クラスター」として認識されるが、そこで感染した人々は、もとから特定の属性を有していた集団の構成員ではない。イベントの開催、密閉空間といった環境のなかで人々が「関係」することで、クラスターが発生する。にもかかわらず、しばしば、「高齢者」や「若者」といった特定の属性に原因を帰する形で、「患者集団」が固定化されてしまう。

「主語のない出来事」は「例外」か

世界には非国家主体による紛争が増えているが、その多くは私たちに「みえておらず」、確固たる「主体」によって起こされているものなのかどうかもわからない。一方で、世界の大きな出来事は、「国家主体」や「非国家主体」という、「主体」を主語に起きているように「みえている」。このように「みえているのにみえていない」原因は何か。それはわたしたちが「出来事には主語がある」と考えているからであり、「主語のない出来事はない」と考えてそれを「みない」ことにしているからだ。わたしたちは、主体中心主義にからめとられている。

主体中心主義に立つと、主体がない出来事は「例外的な出来事」となり、分析不能、分析不要な事例になってしまう。つまり、アルカーイダやＩＳは例外的に発生した逸脱事例なので、「テロ集団」と括って制圧しさえすればよく、分析対象に値しない、ということになってしまうのだ。あるいは「シリア難民」は「難民」というカテゴリのなかで処理すべきものであり、「ドイツ政府」や「ＥＵ」がそれにどう対応するか、国家主体(や超国家主体)を見ていればそれでよい、ということになる。実際、国際政治系の論文が「アルカーイダ」や「シリア難民」を扱うとき、その多くはこれらに対して「国際社会＝欧米先進国」がどう対処すべきか、というテーマで書かれ、それらの出来事がなぜ、どのように発生したのかを国際社会全体のなかで俯瞰的に論じたものは、ほとんどない。

それで本当に、世界で起きている出来事をちゃんと把握したことになるのだろうか？

新型コロナウイルスの感染拡大は、言葉通りの意味で「みえない」微小な主体が世界大の関係の網に乗って発生している出来事だ。人間が作り上げた領域や主権は、ウイルスが乗る関係性のネットワークの縦横無尽さの前では、意味を失う(Du Plessis 2018)。それを、トランプ米大統領の発言にみられるように、「中国ウイルス」や「武漢ウイルス」といった形で国家主体の枠組みに矮小化しようとするところに、主体中心主義に拘泥する現実の政治と、関係性を中心に展開する「グローバルな危機」との間の、絶望的ともいうべき乖離をみることができよう。

本叢書シリーズが提示する「グローバル関係学」とは、主体中心主義を相対化する試みである。そこでは主体中心主義に代わって、関係中心主義を掲げる。「出来事に主語がある」のではなく、「出来事は、主語のない世界――さまざまな関係性が交錯する網状の世界のなかから浮き上がってくる」ものだ、と考える。

そして主体は、出来事の前ではなく、後にできる／出現するものである。そのように視座を転換することで、特に二一世紀に入って頻繁に発生している「世界を揺るがす主語の定かではない出来事」――すなわち、「グローバルな危機」をよりよく把握することができると考える。まず主体、実体ありき、という実体主義的な前提を捨てて、現実とは相互関係のなかから浮き上がってくるものだ、と視座を転換することが、「グローバル関係学」の目的である。

二　「関係学」はどのように生まれてきたか――社会学、国際関係論、地域研究

「関係社会学」の登場

ところで、主体中心主義に疑問を投げかけることは、社会科学において繰り返しなされてきた、古い議論である。(1) 社会の動因は主体性を持った人の、意志に基づく行為（エージェンシー、agency）にあるのか、それとも客観的に存在する社会構造に規定されているのかという、いわゆるエージェンシー・構造問題において、構造化理論でその二元論の克服を試みたギデンズやハビトゥス概念を導入したブルデューの議論は、社会学者の間で長く参照されてきたテーマである。また、後述するように、科学人類学の分野において展開されたラトゥールのアクターネットワーク論（Actor-Network Theory, ANT）は、まさに主体と客体の境界を取り払うべしとした「連関《アソシエーション》＝関係論」に他ならない（ラトゥール二〇一九：二一）。ここでは主として、九〇年代以降に登場した、社会学や国際関係論における

「関係論」の概要をみていこう。

一九八〇年代末以降、「関係性」(relationality)に注目した視座を導入すべしとの主張が盛んになるなかで、「関係社会学」(relational sociology)が登場した。一九九七年にエミールバーエルは『アメリカ社会学誌(*American Journal of Sociology*)』に「関係学マニフェスト」を掲載したが、ここで彼は実体(substance)と過程(process)、静態的なモノと動態的な関係といった二元論を巡る議論に対して、高々と後者を掲げ、関係中心的視座の必要性を宣言した(Emirbayer 1997: 281-317)。彼は、主体の不可変性や自己作用(self-action)、合理的選択論(rational choice theory)、構造主義(structuralism)などに批判を投げかけ、社会そのものを「関係性のセット」(relational setting)(Somers 1994: 625)と考えるべきだ、と主張する。そして、「人間というエージェンシーを「社会的かかわりが一時的に埋め込まれた過程」とみなす」として、主体の一貫性、不可分性に疑義を呈した(Emirbayer and Mische 1998)。

こうした社会学分野での関係学的視座への転回(relational turn)は、二〇一三—一四年ごろからカナダの社会学会での議論の活発化へとつながった。そこでは、ドナーティ(Donati 2011)や、相互行為の重要性に焦点を絞り関係としての文化に着目したクロスリー(Crossley 2010)などが、関係学派のネットワーク拡大に寄与した。二〇一八年にデペルトゥーが編んだ『パルグレイブ関係社会学ハンドブック』によれば(Dépelteau 2018)、これらの社会学者によって確立された関係学の核は、①相互依存の原則と実体の否定、②過程的思考、③「二項対立性」(dualisms)の否定、④自然、社会的現象はさまざまな主体の間の相互関係によって生産されるということ、に要約される。

国際関係論のなかの「主体中心主義」批判

この『関係社会学ハンドブック』も認めるように、関係学は心理学、法学、文化人類学など多分野にわたって生まれてきたが、なかでも国際関係論においては、ジャクソンの議論が代表的であろう。彼とネクソンは一九九九年の論考で、国際関係論という学問はそもそも主体を分析対象の中心としてきたが、主体中心主義では変化を説明することができないとして、過程的／関係性的アプローチ(processual relational approach)の導入を主張した(Jackson and Nexon 1999: 293, 296)。

彼らは、過程的／関係性的アプローチの中心概念として①過程、②構成(configuration)、③プロジェクト、④連結(yoking)の四つを挙げ、関係論的視座とは「誰の手によるものでもない物事の展開過程(un-owned process)を扱う」ことだ、という。前節でいうところの「主語のない出来事」が、それにあてはまるだろう。そしてそれらの過程が寄せ集まって「構成」となるが、国家もまた、ある意味で構成されたもののひとつである。この国家のように、構成体のなかで特別なもの――特に国際政治のなかで「主体」として特別な位置を占める存在を「プロジェクト」と呼ぶが、そこでは過程の寄せ集めがどのようにして「プロジェクト」と呼ばれる存在へと変化していくのかを考えることが重要になる。そこで、四つ目の「連結」概念が重要となるが(Abbott 2016)、「連結」とは、たとえば言語や方言などのように集団内に存在する差異が「連結」されてネーションなどの存在にまとめ上げられることを指す。

ところで、ジャクソンはその後、国際関係論における「ポスト・ポジティビズム」(post positivism、ポスト実証主義)の議論をまとめた著作を上程している(Jackson 2010)。ポスト・ポジティビズムの詳細については本巻第三章の清水論文が論じているが、社会科学の科学志向、国際関係論における合理主義やポジティビズム（positivism、実証主義）、物質主義（materialism）、価値中立性の絶対視に対する批判などを展開、非国家主体への注目、間主観性（inter-subjectivity、人々の共通認識が客観性に基づくのではなく、人々の意識の相互作用の結果であるという側面）や解釈重視を強調したものである（Jørgensen 2018: 166–197）。

こうした展開の背景には、アシュレーとウォーカーが一九九〇年に『国際研究クォータリー（*International Studies Quarterly*）』誌で組んだ特集を嚆矢として活発化した、国際関係論における批判的議論と密接な関わりがある（Ashley and Walker 1990）。これらの批判的国際関係論は、かつての主流の研究体系（リアリズム、リベラリズム、コンストラクティビズム、英国学派）の枠組みに収まることなく、「現実を、際限ない全体のなかで変化し連鎖する社会関係として解釈する」ことを主張したからである（Roach 2016: 148）。日本では、葛谷・芝崎（二〇一八）が展開する議論が、その流れにあるといえよう。同書に所収された五十嵐（二〇一八）は、主体と客体をそれぞれ独立のものと考える考え方を否定し、双方不可分であると主張するリフレクシビズム（reflexivism）と呼ばれる潮流を紹介している。

国際関係論の欧米中心主義を見直す

ところで、国際関係論における批判的視座は、それが持つ西欧起源性にも向けられている。国際関係論が西欧起源の学問であり、それがもっぱら欧米研究者の間での議論に偏向していること、そこで構築される理論が普遍性を装いつつ西欧中心主義に傾斜していることは、多くの国際関係論者、特にポスト・ポジティビストの間で問題視されてきた(Wæver 1998; Acharya and Buzan 2010; Vasilaki 2012)。第三世界の視点を取り入れる必要性を主張する論者は、少なくない(Tickner 2003)。

だが、国際関係論分野の学術雑誌への投稿者に第三世界出身の研究者が増えたとしても、非欧米の独自の国際関係論が提示されることはほとんどない。上記に挙げた雑誌『国際機関』で非国家主体をテーマとして書かれた論文三八件のうち、非欧米(特に中東・北アフリカおよびアフリカ)の事例を扱っている論文のほとんどが「テロ・反乱」(一六件)か、「エスニシティ」(特に紛争関連、九件)か、「移民・難民」(五件)についてのもので、欧米先進国の安全保障観を反映した論調となっている。『ミレニアム(*Millennium: Journal of International Studies*)』や『ヨーロッパ国際関係論誌(*European Journal of International Relations*)』といった、リベラル系、批判的国際関係論系に近い学術雑誌でも、特に中東に関する論文のほとんどが紛争、テロ、安全保障に集中している。[2]

一方で、近年着目されているのが、アチャリアが主張する「グローバル国際関係論」(Global IR)である。彼は、国際関係論をより包括的なものにするために、非欧米社会の歴史や思想、認識枠組みなどを抱合したグローバル国際関係論が必要であると主張する(Acharya 2014)。

だが、それでは西欧中心の国際関係論、ひいては社会科学一般における不均衡、不平等を是正するためには、欧米におかれた軸を非欧米に移せばいい、ということなのだろうか。ここで、チンの提唱する、欧米偏向の国際関係論に代替する「世界政治の関係理論」を見てみよう(Qin 2016)。チンは主体中心主義を西欧近代的文化に起因するものとみなし、それに代えて「関係性」に注目すべきと主張するが、そこでチンのいう「関係性」は、中国における「主体は関係性のなかにあり」という発想から導き出されたものである。だがそれは、従来の視座の重心を欧米から中国に移しただけではないのだろうか(本書第三章参照)。

前節の冒頭に指摘した、非国家主体が「みえていない」のはなぜか、という問いに戻ろう。西欧起源の国際関係論にみえていないものは、非国家主体(実際のところは主体ですらない「流れ＝過程」)に限らない。国家主体であっても、非欧米地域のそれについては、長く「みない」対象となってきた。中国をはじめとしてアジア、アフリカ、中東などから「非欧米型の国際関係論を」という声が高まっている背景には、既存の欧米由来の国際関係論が「みてこなかった」世界を積極的にみなければならない、という主張がある。だが、それが「みる」範囲があくまでも中国やイランといった「国家主体」にとどまっている以上、主体中心主義を脱却したことにはならない。あるいは、みていたとしても「客体」としてしかみてこなかったことを批判して、上述のチンの議論にみられるように、主体と客体を逆転させることを要求しているに過ぎない。

みえていなかった非国家主体をみていたはずの地域研究

古典的国際関係論が、その西欧中心的視座によって多くの非西欧的なものを「みていない」のであれば、非欧米社会の、しかもきわめてミクロな地域共同体を含めた非国家主体をもっぱら研究対象としてきた学問である地域研究こそ、「みえていないものをみる」ことに貢献してきたのではないか。ここで、社会学、国際関係論の議論展開とは別に、地域研究と関係学の関連をどのように位置付けられるか、みておこう。

地域研究は、ある特定の領域の「地域」を研究する、「主体」（国家であれ非国家であれ）の存在を前提視しがちな学問である。そもそも、西欧のオリエンタリズムを体現する学問として始まった地域研究は、西欧が非西欧地域に関する知識と情報を得るために生まれ、西欧が知りたい対象地域の、地理的に限定された文化的特殊性（たとえば中東のイスラーム社会や、インドのヒンドゥー社会、アフリカの「部族」社会など）を研究するものであった。

つまり地域研究は、特定領域に限定的にみられる固有性、特殊性を探る学問であり、その地域特有の「主語」をみつける研究として発展してきたといってもよい。そして特に西欧起源のオリエンタリスト的地域研究は、その発見された「主語」に、○○部族とか、××宗派とか、名前を付けてきた。地域研究こそが、研究対象地域を「名づけ」ることで地域の固有性、差異性を固定化し、二〇世紀の西欧のオリエンタリストたちが作り上げた他者に対するまなざしを、「固定化・永続化」するのに貢献してきたともいえる。

だが、冷戦終結後グローバル化の過程で世界が「脱」領域化されると、地域研究はその存在意義そのものに疑問が投げかけられるようになった（Tessler 1999 ; Szanton 2004 ; Mirsepassi et al. 2003）。グローバル化し、社会科学全般が普遍化を目指すなかで、領域限定の固有性に裏打ちされた地域研究の知など、せいぜい特殊事例としてしか認識されなくなったからである。それは、「地域研究の危機」と呼ばれた（Mitchell 2004 : 74–118）が、同時に、地域を（国家であれ非国家であれ）ひとつの主体とみなす、主体中心主義の危機でもあった。

では、地域研究は関係中心主義へのシフトのなかで、時代遅れのものとされてしまうのだろうか。

そもそも、地域研究が研究対象とする地域は、オリエンタリストが考えたように、そんなに固定的で特殊で永続的なものだろうか。

いや、むしろ「地域」そのものが、さまざまな関係が交錯し変化した帰結である、という側面を考えれば、むしろ地域研究の関係中心主義的意味が浮き上がってくるだろう。代表的な例が、中東である。「中東」という用語は、二〇世紀初め、アメリカの海洋戦略家マハンがペルシア湾岸地域をイギリスの対アジア戦略上重要な地域であるとして名付けたことから始まっており(Adelson 2012: 38-39)、他者による名づけであるがゆえに、その明確な領域的定義はない。いわば、「中東」という地域は、国際政治を反映した可変的で伸縮自在なものであって、自立的な「主体」とは程遠いものだ(3)。

地域が単なる地理的領域ではなく、さまざまな関係性のなかで変動し、「もはや既定事実ではなく、選択の問題」であることは、モイジの指摘を待つまでもなく(モイジ二〇一〇：五二)、冷戦終結後の旧ソ連、東欧地域の「地域」名称の変遷をみれば明らかだろう。「地域」が、国際社会のさまざまな関係の変動を反映して隆起したり陥没したりする、あたかも地殻変動の結果生成されるものだと考えれば、その地域こそが国際政治を表象するものである。

その意味では、テロや紛争や社会運動や貧困などの「主語のない出来事」に、「中東」や「アフリカ」や「アジア」、「中国」、「武漢」といった名前がつけられてしまう、その「名づけ」の背景に、どのような世界規模の関係性の歴史的蓄積があるのか、その関係性がどのように変化したのか、をみることこそが、関係学的視座だといえよう。地域研究において地域の主語化を回避し、それをさまざまな関係が交錯した構成物としての地域と捉え直すところに、グローバル関係学の意義がある。それは、

「世界」の下位構造として「地域」をとらえるのではなく、「私」が持つ共同意識や関係性を「地域」として把握する」とする羽田の議論に連なるものである(羽田二〇一六：五―六)。

そのうえで、関係学に求められていることは、まさにジャクソンとネクソンの以下の結語に現れているだろう。「私たちは(関係学的)アプローチの生産性の高さを描写してきた。次に求められているステップは、この関係学的視角をよりシステマティックに、かつ明確な形で特定の現象に当てはめていくことである」(Jackson and Nexon 1999：319)。

それゆえに一層、特定の現象に関する分析を豊富に有する地域研究の出番なのである。

三 「非・人間」への視座の拡大

ところで、関係のグローバルな広がりや相互作用性は、人間由来の主体の間でのみ見られる現象ではない。一見確実で「真実」として固定化された自然科学における諸要因もまた、相互作用のなかで変化するものであり、関係性の網のなかで理解されるべきだと主張したのが、前述したラトゥールのANTである(ラトゥール二〇一九)。ラトゥールの理論確立の出発点は、パストゥールの細菌発見を研究者の間、さらには研究者と研究を取り巻く社会的、経済的環境との関係のなかで論じた「実験室研究」と言われるものだが、そこでは細菌は単なる発見される「客体」ではなく、積極的に研究者やそれを取り巻く社会に働きかけをなす「主体」とみなされる。つまり「主体」たりえるのは人間や人間由来のさまざまな存在(社会や国家など)だけではなく、「非・人間」も同様である、とするのである

（Grusin 2015）。

関係性のなかで発生する感染爆発という危機

非・人間たる細菌との複層的な関係の交錯によってグローバルな危機が発生するという最もわかりやすい好例が、二〇二〇年初頭から深刻な危機をもたらしている新型コロナウイルス感染症（COVID-19）の世界的拡大であろう。グテーレス国連事務総長が、「第二次世界大戦以来の危機」と述べているように、これこそがまさに、地球大の関係性の交錯のなかに発生した「グローバルな危機」に他ならない。ラトゥール自身、ツイッターで「ウイルスはアクターネットワークの理想的な例だ」と述べている（URL①、二〇二〇年四月一日）。

感染症と人間の政治的、経済的営みが相互に影響を与えてきたこと、にもかかわらず、感染症が一方的に人間の行為（ウイルス撲滅）対象としてのみ対処されてきたことの問題を指摘した研究は、特に冷戦終結後の感染症の新型化や再発を機に、多くなされてきた（Du Plessis 2018；Dewachi 2017；Kamradt-Scott and McInnes 2012）。二〇二〇年の新型コロナウイルスの感染拡大に関しても、さまざまな問題が指摘されている。たとえば、国家主体の国民の生を守る能力に大きな疑義が投げかけられるばかりか国家による生の選別が行われていること（Shani 2020）、国家主体による社会への監視、統制が強化され市民の自由が阻害される危険性が高まっている（Harari 2020）といった個人の尊厳と自由が失われつつあることへの警鐘は、その例だろう。また、トランスナショナル、グローバルに展開されてきた公共衛生面での協力ネットワークや社会経済的な相互依存体制が、国益優先の感染症対策の前に瓦解しつつあることも問題だ(Pierson 2020)。その結果として、激しい排外主義、対他偏見、社会的格差の一層の深刻化が懸念されている(Buruma 2020)。

換言すれば、新型コロナウイルスが示す危機とは、国家主体が人為的に作られた境界で囲まれた領土と国民に対して自らの統治権力を主張するのに対して、非・人間＝ウイルスがやすやすと境界を超えて国家主権を「侵害」していることに起因している。縦横無尽の関係性の網に乗ってグローバルに拡大する、ウイルスという圧倒的な関係性中心的な危機に対して、国家主体の壁を厚くすることで対抗しようとする今の世界のありようは、二一世紀的な関係中心の世界の在り方と、二〇世紀的な国家主体中心の世界の在り方との、壮絶な戦いのように見える。さらには、ウイルスによって引き起こされたグローバルな危機があらゆる政治社会経済的関係を変化させ、そこにある格差や対立を増幅していることを考えれば、人間主体のみならず非・人間主体を含めた全地球的な関係性の網が揺さぶられているといってもよいだろう(デイヴィス二〇二〇)。

越境するシンボル

こうした「非・人間」のグローバルな関係性における役割は、疫病に限ったものではない。交通などの移動やメディアなどの通信手段が関係を媒介することはむろんのことであるが、同時にこれらの道具は関係を象徴し意味を与えるものであり、関係性を変化させる決定的な役割を果たす。

衛星放送やSNSの拡大が「アラブの春」など世界各地での路上抗議運動の性格を変容させ予想外の広がりを生んだことは、その典型例であろう。また、アフリカや中東から避難民を乗せて地中海を航行する船は、避難民の出身国内の政治社会関係、出身国と域内周辺国や欧米諸国との関係、避難民を取り巻く経済的状況、さらには密航を対象とした違法業者のネットワークなど、ミクロからマクロまでの複層的な関係が集約された「難民危機」を象徴し、かつ主導する存在となっている。

象徴(シンボル)が持つ意味付けや解釈の役割でいえば、映像(写真、映画、動画、壁の落書きなど)、名づけ(ハッシュタグ、スローガン、歌詞など)、パフォーマンス(デモ、抗議行動、儀礼など)、歴史的記憶などもまた、単に人間の行為や感情を反映(represent)するだけではなく、関係性に積極的に作用する要素となる。前述した避難民の地中海での航路移動の例でいえば、二〇一五年に難破し水死した男児の姿が映像として世界中に流れたことで、欧州での難民に対する人道的措置の必要性が喚起され、ヨーロッパ難民危機が発生するとともに、排外主義の台頭を生んだ。「アラブの春」からニューヨークのオキュパイ運動、さらには香港、台湾での路上抗議活動の連鎖のなかでは、バンクシーに代表される壁の落書きを通じたメッセージが、越境的に共有された。

こうした道具やシンボルの越境性もまた、国家主体の主権を「侵害」し、国家による領域、国民への独占的な支配、管理を揺るがすものである。疫病の蔓延が国家主体に挑戦し、これに対して国家主体がコントロールしようとする、相互にせめぎあうものであるとすれば、さまざまな関係のなかで解釈され意味を与えられた道具やシンボルもまた、越境的関係性と国家の支配の間のせめぎあいのなかに存在する(Salter 2015)。

以上のような現状を把握するために、「グローバル関係学」は、人間の行為のみならず「非・人間」の作用をも分析対象とする必要があると考える。主体中心的視座で「みえなかった/みなかった」ものが、「非・人間」に射程を当て、それを取り巻くさまざまな関係性を分析することで、「みえて」くるのである。

四　本書およびシリーズ全体の概要

本書の構成

さて、以上の基本的スタンスを踏まえて、以下では本巻およびシリーズ全体の概要を説明しておこう。そもそも「グローバル関係学とは何か」という問いは、これまで五年の間、人文社会科学を中心とした幅広い研究者の間で実施されてきた研究プロジェクト、文部科学省新学術領域研究「グローバル秩序の溶解と新しい危機を超えて——関係性中心の融合型人文社会科学の確立」(平成二八年度—令和二年度)で継続的に議論されてきた。同研究プロジェクトは五つの研究班に分かれ、国際関係論、比較政治学、地域研究、文化人類学、文学、歴史学、経済学、農学、社会学など、多種多様な分野の研究者が、国家レベル、国家間レベル、ローカルからトランスナショナルなレベル、さらにはグローバルなレベルと、さまざまなレベルで展開される関係性の網を分析対象として、いかに関係学を特定の現象に当てはめて分析するか、模索してきた。

七巻から構成される本シリーズの、まず第一巻である本書は、そうした「グローバル関係学とは何か」という問いをめぐって闘わされてきた議論を反映したものである。第一章「「みえない関係」を分析する——埋め込まれた関係という視座」(酒井啓子)は、主体中心主義から関係中心主義へという転換をさらに推し進めて、感情や認識がいかに関係性の網のなかで作用、変質するかに着目し、特に屈辱などの感情やトラウマ、記憶が現実の関係にどのように影響するかを分析することの重要性を指摘する。そのうえで、「関係」を主体や事象の間の関係だけに限定するのではなく、主体内部にも幾重にも関係性が埋め込まれていると考え、その埋め込まれた対他関係の認識が、環境に応じて掘り起こされたり表面から遠く深層に沈み込んだりすることによって、現実の対面的関係に及ぼす影響が変化することを指摘する。「埋め込まれた関係性」という概念は、アイデンティティや対他認識などの測定不能な「みえない」感情の変動性を重視しつつも、それがあたかも頑強に固定化されているかのようにみえる現象を解明する上で、有効であろう。

第二章「通時的関係性の錯綜から「危機」を分析する」(松永泰行)は、いかなる関係性に着目し、それを通して「みえてこなかった」ものを浮かび上がらせるかという目前のタスクに対する「解」のひとつとして、通時的関係性に着目する「グローバル関係学」の視座を提示する。そこでは、時間軸上の過程の内部に関係性を見出すことで新味を出すことを構想するが、それは、「グローバルな危機」が社会的文脈と社会的時間の中で起こる出来事である以上、それらの解明のためには、なかでも、時間軸上で因果的な質的変化が起こる過程、すなわち通時的に変化する関係性に正面から向き合うことが必要となるからである。その通時的関係性の状況依存的な錯綜という分析の視座の適用例として、二〇一七年六月にテヘランで起きた国会襲撃事件を手がかりとする「出来事」として用い、そこにおいて錯綜しているとみなすことが分析上有意義であると考えられる重層的な通時的関係性(「水流」)を確定し、説明することを試みる。

第三章「国際関係におけるポスト・ポジティビズムおよび仏教と関係性の問題」(清水耕介)は、現代の関係性についての視点がポジティビズムに傾斜し、ポスト・ポジティビズム的な視点が圧倒的に欠落しているという問題点から出発する。従来の国際関係論の主流学派においては、関係性の特定の形が文脈に「埋め込まれ」、実際の相互作用の前に関係性によって定められた役割を各主体が理解し演じることが期待されているが、近年注目されている「中国学派」国際関係論の儒教的な関係性に基づいた議論もまた、その枠組みを超えるものではない。これに対して清水が提示するのが、仏教的関係概念である縁起的関係性である。縁起思想では、関係性は所与ではなく刻々と生起すると考えられ、新たに生まれた関係性によって構築される主体はつかみどころがなくポスト・ポジティビズム的であるとする。そして、主体が「無」であること、それが関係性のなかでのみ存在することを前提とする仏教的関係性に基づいて、オルタナティブ国際関係論を提示する。

第四章「政治経済的地域統合の学理——突発的な変化が生じる階層的な理由」(石戸光)は、「主体間の関係性」と「政治経済的地域統合」および隣接する社会事象についてのメタ理論、すなわち地域統合の関係性をめぐる理論とはそもそもどのようなものか、という点について模索する。国際社会における政治的、経済的地域統合体のさまざまなメカニズムは、単なる国家間統合体とするのではなく、国際機関や市民社会、超国家的ネットワークなどの上位システムを含むグローバル社会における動向と、国家主体内の多様な価値観から成るサブシステムとから構成されており、それらの階層間で複層的に影響を与え合っている。そのようなグローバルシステムが国家間において結ばれる政治経済的な意味での地域統合にどのような影響を及ぼしているかについて、論じる。

以上の章は、「グローバル関係学」の理論的枠組みをさまざまな方向から照射したものであるが、問題は、その「関係性」をいかに分析の俎上に載せるかである。主体、特に国家主体を分析対象とする場合は、その国家が管理する統計資料に基づき、細かいデータ分析が可能である。だが、「主語のない出来事」、しかも多くの場合「みえていない」過程的事象を果たしてどのように分析していくか。データによって「みえない」ものを把握しようとすれば、どのような手法が可能なのか。

ひとつの可能性を拓くのが、ビッグデータ解析である。第五章「グローバル時代の複雑化するネットワークのビッグデータを活用した「見える化」」(水野貴之)は、現代、特に二〇一〇年以降のグローバリゼーションの特徴として、デジタル空間と物理空間が繋がり、物理空間を越えて人々や組織、企業や国が密接に繋がるようになったことに着目する。そこではグローバルな企業間に流れる物やカネの流れ、グローバルな人々の移動、世界中で報道されるニュースなどを捕捉するビッグデータ解析を行い、世界中の企業がネットワークとなってお互いに簡単に繋がる、スモールワールドを形成していることを示す。そして、スモールワールドでは、無意識に問題のある企業とも繋がっていること、他方でネットワークが持つコミュニティ構造がグローバル化と分極化の両方を生成していることがわかる。ビッグデータ解析を利用することで、ネットワークや組織が当初から措定された形で形成されるのではなく、流れの塊のなかから集まりが明示化されることがわかるのである。

一方で、第六章「計量テキスト分析による関係性分析」(山尾大・久保慶一)は、「グローバル関係学」の分析手法の一つとして、近年目覚ましい発展を遂げつつある計量テキスト分析が一定の有効性を持つことを、二〇一五－一六年のＥＵ難民危機をめぐる中東アラブ世界の主要紙の報道トーン分析を事例に示している。具体的には、新聞報道のテキストからコーパスを生成し、そこに難民危機にかかわる重大事件などの多様な変数を付加して分析することで、この危機のなかで起こった事件や事象が報道トーンの変化に与えた影響を浮き彫りにしている。また、こうした計量テキスト分析は、テキストの言語や危機が生じた地域について深い知識を有する地域研究者が行うことで、より意義深い成果となり得ると主張している。

これらの計量分析に対して、文化人類学は、より対面的でニュアンスに富んだ関係性の見方を、エスノグラフィックな調査方法を通じて提示する。第七章「宗派主義の外へ――レバノンにおける「分節」生成の場面から」(池田昭光)は、自身が国際会議で遭遇した中東出身研究者の応答や現地(レバノン)調査滞在中の人々とのやり取りから感得した関係性のありようを例として挙げ、社会を宗派のロジックで説明することに対して否定はしないが納得していない、という現地の人々の微妙な反応に着目する。それは、共有されたルールや規範・文化的価値から、ある個人の行為をそれが帰属する文化や集団の一員として説明することの困難さを示すものである。そこでは、宗派が関与する領域と関与しない領域と両方に広がる形で関係性を日々紡ぎ出すという現地の人々の、両方向に延びた視野を持つフレームづくりが、グローバル関係学の手法のひとつとして提示される。

「グローバル関係学」叢書シリーズの構成

以上の第一巻の理論・方法論編を踏まえて、第二巻以降は個別の事例を「関係学的に」分析した研究論文をまとめたものである。まず第二巻から第四巻では、「国家主体」の相対化を図る。

第二巻は、国家、制度と境界面に現れる「グローバルな危機」について、通時的関係性の錯綜状況を軸に分析することを目指す。対象とする「危機」は、武装闘争の再開、学校への襲撃事件、民兵による国家クーデター事件、民衆革命後に地方が直面する閉塞状況、難民の到来、人道支援や世俗国家を支える理念の揺らぎなど、さまざまである。これらにおいて新奇なあるいは予想外な形で「グローバルな危機」が現れていることを分析的に示すために、各章では、「危機」が社会的文脈と社会的時間の中で起こる出来事であることに着目し、その関係学的な解明のためには、時間軸上で因果的な変化が起こる過程、すなわち通時的に変化する関係性に正面から向き合う必要があることを強調する。そして、そこで前提とされるのは、社会過程における因果性の複雑さの一端が、その内部や周辺に複数の異なる通時的関係性の束(「水流」)が重層的に流れており、それぞれが異なるスピードで変化する一方で、相互に条件を付け合う関わり合い方をしていることにあるという点である。

第三巻は「国家主体」間関係としての地域政治経済統合体を扱う。地域統合には、地域における紛争の回避や、大国の影響力の排除あるいは大国の関与の促進、国境を超えた問題の解決といった政治的目的や、貿易障壁の撤廃や単一市場の創設といった経済的な動機をもつ国家が、主体的に統合を促進する地域主義や、貿易や投資、分業ネットワークの拡大といった経済相互依存の深化によって牽引される地域化など、さまざまな形がある。過去七〇年近くの間に、南極を除く地球上のすべての大陸において、さまざまな形で地域統合の試みがなされてきたが、その道程は線形の発展ではなく、地域統合の「つまずき」ともいえる現象が起きている。そのことを国際経済学、国際政治学、比較政治学、地域研究分野などのさまざまな専門領域から論じ、地域統合を促進させる、あるいは停滞させる要因が何かを論じる。

第四巻は、今日の世界が直面する深刻な「グローバルな危機」の一つとしての紛争を取り上げる。紛争の過程では、経験的な「国家」、すなわち軍閥や武装勢力による暴力を通した実効支配、民族や宗教に基づく分離独立の試み、紛争における戦局の膠着がもたらす国土の分裂など、理念型(Ideal-typus)としての国家とは異なる姿の「国家」が誕生・存続することがある。こうした「国家」を理念型からの「逸脱」であると批判するのではなく、これらの「国家」が、統治機構や政治共同体の面で実際に機能している現実に着目し、その背景に、現行の国家における中央政府が機能不全を露呈したり、国民としての意識が希薄化したとき、それらに代わるかたちや補うかたちで出現するという現象があることを指摘する。ここでは主要な紛争経験国を取りあげ、特に市民の認識というミクロ・レベルから今日の世界における「国家」の多様なあり方を浮き彫りにし、理念型としての国家の再生を前提とした画一的・単線的な政策――「国家建設」や「平和構築」――のあり方を再考し、「グローバルな危機」としての紛争にどのように対応すべきなのか、新たな知見を導き出すことを目指す。

さて、国家主体を相対化するとすれば、それに代わり何に光を当てるのか。第五巻以降は、分析対象を主体に置くのではなく、関係を体現する人やモノ、あるいは関係を表象するシンボルや文化、現象を分析対象として、関係性の交錯点に現れる現象をとらえ、それらがいかに伝播していくかに光を当てる。そして、その過程に見られる突発性、多面性、縦横無尽性に注目する。

第五巻では、スポーツや音楽、衣服などの装いに注目する。たとえば、サッカーは世界のほぼ全ての地域で通用する一種の共通言語である。紛争や貧困に苦しむ地域であっても、多くの人々がサッカーに熱中し、その中から世界の強豪チームで活躍する選手も生まれている。こうした共通言語は、人々の日常世界に浸透し、感情を大きく揺さぶる力を持っているが故に、支配や抵抗の道具ともなり得る。また、イギリスで生まれたサッカーが世界各地に伝播したこと自体にも注意が必要であろう。現在におけるワールドカップやオリンピックの世界的盛り上がりは、西洋の優位を背景とする中でスポーツ文化が「普遍性」を獲得し、それがグローバル資本主義によってさらに増幅されたことの一つの帰結である。こうしたなかで、個人や集団が文化現象に関与し、あるいは翻弄され、場合によっては新たなアイデンティティや主体が生成されていく。ここでは、サッカーなどの多様な素材や社会変動に着目することにより、世界規模で展開されるネットワークの複雑かつみえにくい関係性を可視化することを目的とする。

第六巻は、グローバルに拡大する関係性を最も明確に体現しモビリティ（mobility）を具現化する「国境をこえる人の移動」を扱う。このテーマは従来の人文社会科学研究においては、国際人口移動を「南」から「北」に向かう移動と同義とし、「北」、すなわち先進国における移民問題を基本的な参照枠組みに位置づける傾向にあった。だが国境をこえる人の移動の多様化・複雑化は急速に進んできた。一方で、二〇世紀末からグローバル化と経済成長によって「南」における人口移動は量的に急速に増加しているだけでなく、「移民問題」の従来の捉え方に見直しを迫るような新たな現象が観察される。さらに、これまで一方的に移民受け入れ国として理解されてきた「豊かな北」からの人の移動も多様化し、重要性を増してきた。以上の動向をふまえ、これまでのアカデミアにおいて周縁化されてきた「南−南移動」、「北−南移動」、「北−北移動」に光を当てる。それによって、従来の「南−北移動」を中心に形成された国際人口移動へのまなざしを批判的に検討し、このような研究がこれまでの国際人口移動研究に対してどのような理論的貢献をなしうるのかを、グローバル関係学の理論枠組みを参照しながら考察する。

最後に第七巻は、国家のなかで周縁に位置するローカルな現象が、ナショナル／国家を飛び越えたグローバルなネットワークと結びつく事例を分析対象とする。第六巻の移民・難民のように国家主体の間を面的・連続的に越境移動したり、第三巻でみた地域経済統合のようにローカルなネットワークが国家・ナショナルな枠組みを経てトランスナショナル、ないしグローバルに連続的に展開するのではなく、ナショナル／国家の枠組みを回避、ないし飛び越えた形で、ローカル(あるいは周縁)が国際NGOやグローバルな運動に繋がり、ローカルとグローバル／トランスナショナルが双方向的につながる、広域の関係性を取り上げる。そこで事例として取り上げるのは亡命者や、先住民運動、さらにはギリシアや沖縄などの島嶼地域である。そこから帝国主義やグローバルな思想や運動という広域ネットワークが支配地のローカルな共同体に与えた影響が、その後のナショナルな枠組みに対して対抗したり同質化したり、あるいはオルタナティブを提示したりした例は、歴史上のさまざまな事例に見つけることができる。また現代的な側面では、先住民運動などローカルな部分から発生したネットワークが、ナショナルなレベルを回避して国際NGOと連携するなどといった事象にも、ローカルからグローバルへと広域に拡散する関係の在り様をみて取ることができる。

おわりに

以上の論考は、現代世界におけるグローバルな危機を、主体ばかりを中心に「みる」のではなく、特にその背景にある「主語のない出来事」群を、狭い範囲の地域共同体から超領域的なグローバルなネットワークまで広がる総体のなかで「みる」ために、関係学的視座に立って分析したものである。ここで提唱する「グローバル関係学」の特徴は、それが概念論的展開の帰結として生まれたのではなく、主として非欧米世界を対象として積み重ねられてきた地域研究の実証から生まれた点を強調しておきたい。[4] 非欧米世界を客体としてしかみない視点を廃し、これらの地域で起きていることをよりグローバルな文脈のなかで「みる」必要性は、非欧米世界の地域研究者の間で痛感されてきた。欧米型の主体中心主義を関係中心主義へとシフトさせることが必要であるとの発想は、そうした必要性から生まれたのである。

本シリーズが提唱する「グローバル関係学」の目的は、実にシンプルだ。これまでわたしたちが「みえなかった／みなかった出来事」が、どうしたらみえるようになるか、である。みえないまま消えていった数々の紛争や難民化や経済格差や感染症などの「危機」の被害者たちの、姿や原因や背景を、みえるほどに深刻化するまで放置するのではなく、感知もされない出来事の流れをどうしたらつかめるか。

そのために、国際社会・政治の問題の根源を特定の国家主体や地域の本質に帰しがちであった従来の伝統的国際関係論や地域研究を見直し、主体中心主義から「非・人間」を含めた関係中心主義に、その視座の重点をシフトさせることが、有効である。そして、関係中心的視座から「グローバルな危機」につらなる世界のさまざまな出来事を分析する新たな学術領域を形成することが必要だと考えた。そこでは、欧米中心、主体中心の近代知を相対化する地域研究の役割が活かされる。

本シリーズが所収する諸論文に出会うことで、読者のみなさんの視界が拓け、わたしたちを取り巻くさまざまな「みえない」出来事が「みえる」ようになれば——そしてお化けにみえていたものが枯れ尾花にみえる一助となれば、この上ない幸いである。

注

（1）構造的(structural)関係性を論じた議論は、マルクス主義に代表されるように、伝統的に存在するが、ここで取り上げる社会学における関係学の流れは、過程的(processual)関係学であり、構造的関係学とは異なる議論である。

（2）中東関連の事例が国際関係論の枠組み見直しに関する議論に登場したのは、『ミレニアム』誌がエドワード・サイードの特集(二〇〇七年一二月号)を行った程度の例しかない。

（3）9・11事件、アフガニスタン戦争、イラク戦争と二一世紀の動乱を経て、米英を中心に「拡大中東構想」(Greater Middle East Initiative, GMEI)が提示されたが、そこでは構想の趣旨を反映してアフガニスタンばかりかパキスタンまでが「中東」に組み込まれた。「中東」地域概念が二〇世紀のイギリスの利害と戦略行動範囲を反映したことと同じく、二一世紀はアメリカの同地域での利害と戦略の範囲を映し出すものとして「中東」地域が再編されたのである。

（4）その意味では、ここでの関係中心主義とは主に認識論に関するものであり、存在論的関係性を論じるものではないことを確認しておく。

参考文献

五十嵐元道（二〇一八）「リフレクシビズム——ポスト実証主義の理論的展開」葛谷彩・芝崎厚士編『「国際政治学」は終わったのか』ナカニシヤ出版

葛谷彩・芝崎厚士編（二〇一八）『「国際政治学」は終わったのか』ナカニシヤ出版

ゲーノ、ジャン＝マリー（二〇一八）『避けられたかもしれない戦争——二一世紀の紛争と平和』庭田よう子訳、東洋経済新報社

デイヴィス、マイク（二〇二〇）「疫病の年に」マニュエル・ヤン訳、『世界』五月号

羽田正編（二〇一六）『地域史と世界史』ミネルヴァ書房

モイジ、ドミニク（二〇一〇）『「感情」の地政学——恐怖・屈辱・希望はいかにして世界を創り変えるか』櫻井祐子訳、早川書房

ラトゥール、ブリュノ（二〇一九）『社会的なものを組み直す——アクターネットワーク理論入門』伊藤嘉高訳、法政大学出版局

Abbott, Andrew (2016) *Processual Sociology*, University of Chicago Press.

Acharya, Amitav (2014) "Global International Relations (IR) and Regional Worlds: A New Agenda for International Studies," *International Studies Quarterly*, 58.

Acharya, Amitav, and Barry Buzan eds. (2010) *Non-Western International Relations Theory: Perspectives on and Beyond Asia*, Routledge.

Adelson, Roger (2012) "British and U.S. Use and Misuse of the Term 'Middle East'," Michael E. Bonine, Abbas Amanat, and Michael Ezekiel Gasper eds., *Is There a Middle East?* Stanford University Press.

Ashley, Richard K., and R. B. J. Walker (1990) "Introduction: Speaking the Language of Exile: Dissident

Thought in International Studies," *International Studies Quarterly*, 34.

Buruma, Ian (2020) "The Virus of Fear," *Project Syndicate*, Mar 6. https://www.project-syndicate.org/commentary/coronavirus-fear-increases-violence-potential-by-ian-buruma-2020-03.

Crossley, Nick (2010) *Towards Relational Sociology*, Routledge.

Dépelteau, François ed. (2018) *The Palgrave Handbook of Relational Sociology*, Palgrave.

Dewachi, Omar (2017) *Ungovernable Life: Mandatory Medicine and Statecraft in Iraq*, Stanford University Press.

Donati, Pierpaolo (2011) *Relational Sociology: A New Paradigm for the Social Sciences*, Routledge.

Du Plessis, Gitte (2018) "When Pathogens Determine the Territory: Toward a Concept of Non-Human Borders," *European Journal of International Relations*, 24(2).

Emirbayer, Mustafa (1997) "Manifesto for a Relational Sociology," *American Journal of Sociology*, 103(2).

Emirbayer, Mustafa, and Ann Mische (1998) "What Is Agency?" *American Journal of Sociology*, 103(4).

Grusin, Richard ed. (2015) *The Nonhuman Turn*, University of Minnesota Press.

Harari, Yuval Noah (2020) "Yuval Noah Harari: The World after Coronavirus," *Financial Times*, March 20, https://www.ft.com/content/19d90308-6858-11ea-a3c9-1fe6fedcca75.

Jackson, Patrick Thaddeus, and Daniel H. Nexon (1999) "Relations Before States: Substance, Process and the Study of World Politics," *European Journal of International Relations*, 5(3).

Jackson, Patrick Thaddeus (2010) *The Conduct of Inquiry in International Relations: Philosophy of Science and Its Implications for the Study of World Politics*, Routledge.

Jørgensen, Knud Erik (2018) *International Relations Theory: A New Introduction (2nd Edition)*, Palgrave.

Kamradt-Scott, Adam, and Colin McInnes (2012) "The Securitization of Pandemic Influenza: Framing, Security and Public Policy," *Global Public Health*, 7(S2).

Mirsepassi, Ali, Amrita Basu, and Frederick Weaver eds. (2003) *Localizing Knowledge in a Globalizing World: Recasting the Area Studies Debate*, Syracuse University Press.

Mitchell, Timothy (2004) "The Middle East in the Past and Future of Social Science," David Szanton ed., *The Politics of Knowledge: Area Studies and the Disciplines*, Univ. of California Press.

Pierson, David (2020) "WHO is Struggling against COVID-19 and a Divided World Testing Its Authority," *Los Angeles Times*, April 1, https://www.latimes.com/world-nation/story/2020-04-01/coronavirus-who.

Qin, Yaqing (2016) "A Relational Theory of World Politics," *International Studies Review*, 18(1).

Roach, Steven C. (2016) "Critical Theory," Tim Dunne, Milja Kurki and Steve Smith eds., *International Relations Theories: Discipline and Diversity (4th edition)*, Oxford University Press.

Salter, Mark B. ed. (2015) *Making Things International, Circuits and Motion 1*, University of Minnesota Press.

Shani, Giorgio (2020) "Securitizing 'Bare Life'? Human Security and Coronavirus," *E-International Relations*, Apr. 3, https://www.e-ir.info/2020/04/03/securitizing-bare-life-human-security-and-coronavirus/.

Somers, Margaret R. (1994) "The Narrative Constitution of Identity: A Relational and Network Approach," *Theory and Society*, 23(5).

Szanton, David ed. (2004) *The Politics of Knowledge: Area Studies and the Disciplines*, Univ. of California Press.

Tessler, Mark ed. (1999) *Area Studies and Social Science: Strategies for Understanding Middle East Politics*, Indiana University Press.

Tickner, Arlene (2003) "Seeing IR Differently: Notes from the Third World," *Millennium: Journal of International Studies*, 32(2).

Vasilaki, Rosa (2012) "Provincialising IR? Deadlocks and Prospects in Post-Western IR Theory," *Millennium: Journal of International Studies*, 41(1).

Wæver, Ole (1998) "The Sociology of a Not So International Discipline: American and European Developments in International Relations," *International Organization*, 52(4).

URL

㊀ https://www.facebook.com/CHMENAProg/?notif_id=1585875913230349&notif_t=page_post_liker_invite

I

「グローバル関係学」の枠組み

第1章　「みえない関係」を分析する
——埋め込まれた関係という視座——

酒井啓子

はじめに

序章では、「世界には非国家主体による紛争が増えているが、その多くは私たちに「みえておらず」、確固たる「主体」によって起こされているものなのかどうかもわからない」、と述べた。そして「世界を揺るがす主語の定かではない出来事」——すなわち、「グローバルな危機」が、二一世紀に入って頻繁に発生している」と指摘した。本叢書シリーズが取り組む「グローバル関係学」とは、二一世紀に起きているさまざまなグローバルな危機が既存の研究枠組みでは把握できない、そのため「主体」ではなく「関係」に焦点を絞ってそこで発生している出来事を分析する、というものである。

そこで既存の学問で把握しきれない、といったときの「グローバルな危機」のとらえ難さは、「主語が定かではないこと」に加えて、突発性、予想不能性にその原因があるといえよう。序章であげたように、世界には主体の定かではないさまざまな紛争が増加しているが、ニュースになる大事件は、唐突に発生し、突然世間の耳目を引く。出来事が発生した瞬間には、その背景にいかなる準備段階があったのか、助走があったのか「みえない」ので、あたかも突然、それが起きたようにとらえられる。9・11事件や「イスラーム国」の登場を見れば、その唐突感がわかるだろう。また、「アラブの春」と呼ばれる路上抗議運動が瞬く間に中東地域に拡大し、ひいてはニューヨーク、香港、台湾での市民運動にも影響を与えた、という出来事もまた、その伝播の速さと広さが、世界を驚かせた。最近では、コロナ禍での「黒人の命も大事」運動(Black Lives Matter)の世界への拡散が、その典型例だ。

なぜ、これらの出来事は突発的で唐突で、予測不能な形で発生したのか。二一世紀に起きている出来事が従来の認識枠組みでは把握、理解、予想できない、ということの主原因は、序章で指摘したように、それが主体、特に人間由来の主体による行為のわかりやすい因果律によるものではなく、より複雑な関係性の交錯のなかで発生しているからである(アーリ二〇一四:一三)。

と同時に、特にそれらの発生の「唐突さ」に驚かされる、ということは、それらの発生を予測する認識枠組み自体がすでに機能しなくなっているということに原因がある。何が起きたらどの主体がどのように「合理的に」判断し、「合理的に」行動し、その行動に対して他の主体がさらに「合理的に」反応するのか——。このような合理性に基づく因果律の範囲内であれば、いかに複雑化しているといっても、出来事の発生に驚かされることはないかもしれない。しかし、二一世紀以降頻発しているグローバルな危機は、合理的に予測可能な因果律と離れたところで起きたかのように見える。

「合理性」で説明できないことに対して、近年よりその重要性が強調されているのが、「感情」(emotion)である。テロ行為に及んだ犯人側、あるいは暴力的イスラーム主義者の「感情」もさることながら、テロ後のアメリカ社会から繰り出される「感情」優先的な政策の数々を前に、「感情」を取り上げないことには現実の政治を理解することができないのでは、とみなされる出来事が多数発生した。9・11事件発生後、アメリカが国の根幹的理念である個人の自由を大幅に制限してもなお、「テロ」への恐怖と怒りと報復の意志を強く露わにしたのは、感情の政治に与える影響力の強さを示す例であろう。一方で、中東、とりわけアラブ世界で蓄積されてきた「屈辱」(humiliation)の感情が、アメリカを対象にして発せられたのが9・11事件だったともとらえられる。加えて、9・11事件後にブッシュ政権が展開した「テロに対する戦い」は、中東、イスラーム世界全体に、国際政治から排除され周縁化された自分たち、という被差別者としての意識を蔓延させた(Fattah and Fierke 2009)。二〇〇一年から少なくとも一〇年間、中東とアメリカが関わる分野においては、感情が強く影響する形で国際政治が展開したといえよう。

また、シリア難民のヨーロッパ流入(二〇一五年)に呼応したヨーロッパでの反移民感情の高まりは、欧米諸国での排外主義の蔓延を招き、ヨーロッパでの政治の右傾化や、アメリカにおけるトランプ政権の出現といった政治的変化を生んだ。前述したBLM運動の高まりも、同様の流れのなかにある。こうした一連の出来事は、感情という要素を抜きには論じられない。

本章では、最近の社会科学における感情の再評価(emotional turn)の流れを取り上げ、それを踏まえ、本シリーズが前提とする「関係性を中心とした視座」として、「埋め込まれた関係性」という概念を提示する。感情研究はしばしば、分析視角がまちまちで、解釈主義に依存せざるを得ない、そして叙述的分析の域を出ない、と批判されがちである。これに対して、対面的で可知的な関係性とパラレルに存在するものとして、不可知的な「埋め込まれた」関係性という枠組みを設定することで、感情やそれが表出する事象、さらにはアイデンティティや主義信条、信仰などの不可知的要因を、分析の俎上に載せることを試みるものである。

一　感情を社会科学に取り戻す

近代社会科学においては、長く主体が中心に置かれてきたと同様に、合理性が前提とされてきた。近代社会においては個と思考(thought)が基本におかれ、関係性と感情は前近代のものとみなされてきたのである(Scheff 2013: 84)。それゆえ、伝統的には感情は、社会科学としての政治学とは無縁の存在として軽視されてきた(吉田二〇一四)。クロウフォードは、その感情研究の嚆矢となる論文において、国際関係論が感情という要素に対して無関心どころか無視している、と嘆いている(Crawford 2000: 116)。デメルツィスは、社会科学において感情が周縁化されてきた原因として、感情から生まれるユートピア的、ロマン主義的思考が近代社会の公共圏と相いれず、政治の中立性を損ねるものであること、政治行為は感情によってではなく利害によってなされるとの政治学の考え方に反すること、欧米の政治学における主流を占めてきた合理的選択論が感情を非合理的なものとして否定的にとらえてきたこと、などを挙げている(Demertzis 2013: 2)。

だが、二一世紀に入り、一転して「感情」が再評価され、感情や情(affection)を真剣に考える(take emotion seriously)議論が増えた。そこに、二〇〇一年の9・11事件とその後の展開があることは、右で述べたとおりである(Fattah and Fierke 2009; Bleiker and Hutchison 2008)。まさに「グローバル関係学」の必要性を促した二一世紀的「新しいグローバルな危機」の出現が、感情の再評価をもたらした。二〇〇一年以降に次々に発表された論考は、主として紛争や衝突の背景にあるものとして、トラウマ(Hutchison 2016)や屈辱(Fattah and Fierke 2009)、恐怖や憎悪(Crawford 2014)、怒りなどの感情を分析対象とした[1]。社会科学においてであれ人文科学においてであれ、アプローチ方法もさまざまであり、大別すれば脳科学系、実験心理学系に近い研究方法に期待する傾向と、ディスコース、表象分析など解釈学的アプローチの精緻化を模索する傾向とに分かれる。後者のなかにも、感情を非合理性のなかに位置付けることに反対して感情も合理性の一部であるとみなす姿勢と(Mercer 2010)、非合理性こそを社会科学のなかで正当に研究対象とすべしとする姿勢がある。

だが、いずれの論者も、感情研究がさほど発展しておらず、特に国際関係論のひとつの「理論」として確立されるまでには至っていないことに不満を隠さない。ブレイカーとハチソンは、クロウフォードやマーサーが感情研究の重要性を提唱してから四半世紀を経たにもかかわらず、理論化がなかなか本格化しない、と指摘しているが(Bleiker and Hutchison 2008: 116)、本格化しない原因のひとつに、方法論が十分確立されていないことがあげられよう。ジャービスらが「感情と認識の関係分析は、取り組んでみたいものだが、ただ壮大に過ぎる挑戦でしかない」と述べているように(Balzacq and Jervis 2004: 564-5)、脳心理学の発展により実証性を高める可能性が広がったとはいえ、感情研究の分析手法のほとんどが、文章や口頭での表現、映像など、感情を表象するものを対象としたディスコース分析であり(Koschut et al. 2017)、解釈主義的アプローチにならざるを得ない(Bleiker and Hutchison 2008:

126)。そのため、社会科学分野における主流のポジティビズム系の論者を納得させるには至っていないのである。統計分析で社会意識を把握する試みは、吉川の計量社会意識論など積極的な試みがなされているが、その吉川にしても「「グローバルな社会意識論」というのは、現段階では私の想像力の域外にある」と述べている(吉川二〇一四:五一)。

とはいえ、「熱情を取り戻す」(Bringing the Passions back in)ことが無意味なわけではないことは(Kingston and Ferry 2008)、特に感情の政治における役割の大きさを前提にすれば、明らかである。日本政治の科学的実証分析を専門としてきた河野の、「理論や方法が発達することによって、それらに「なじまない」現象や事件が分析対象から淘汰されていくのであるならば、ツールの高度化は取り返しのつかない研究上のバイアスをもたらす可能性もある」(河野二〇一八:v)との指摘は、重みをもって受け止められるべきである。

二 「埋め込まれた関係性」の視点

以上にみたように、個人あるいは社会の内面に深くかかわる感情という、不可知で「みえない」要因をいかに社会科学のなかで取り上げ、分析するかは、その重要性については強く認識されているにもかかわらず、なかなか社会科学の主題になりえていない。

そこで、本章で試みるのは、関係学の視点から感情およびアイデンティティを含む社会意識一般をとらえなおすことである。いうまでもなく、感情などの内面的意識は、関係性の交錯の結果生じるものである。だが、主体中心主義の社会科学のなかでは、主体が抱く感情が主体を動かす動因となった場合のみ注目され、社会一般に広がる漠然とした意識、感情については、具体的になんらかの主体との明確なつながりが証明できない限り、二次的な要因として軽視されてきた。国際関係論のなかでも、外交研究でのみ感情要因が重視されたことは(2)、感情の主体が明確で、かつその主体において感情と行為の因果関係がはっきりしていなければ分析対象になりにくいことを如実に表している。

本章が提示するのは、現実に主体間で繰り広げられる対面的、即時的な「みえる」関係性だけでなく、それに平行して、具体的な行為として表出しないながらも、感情に支えられた「みえない」関係性が存在し、それが「みえる」関係性になんらかの作用を与える、という考え方である。

そこで参考になるのが、ソシオン理論である(斉藤他二〇一二)。ソシオン理論では、個人という主体のなかにも「現実の人間関係と頭の中で独自に想像した人間関係」が反映されており、個人は「相手を思う自分」、「相手から思われる自分」、「自分を思う自分」を内包している、と考える。つまり単独の行為主体として一体的、固定的な個という概念を批判し、最小単位の「主体」のなかにも複数の関係性が組み込まれていると考える。

これを本シリーズが提示する「グローバル関係学」の枠組みに当てはめると、こうなる。国家主体であれ非国家主体であれ、個人でなくなんらかの人間の集合体の場合でも、そこではモノの移動や人の行動に体現される対面的、即時的関係が単独で成立しているわけではない。その集合体には、その社会が独自に想像した対他関係など、複数の関係性が組み込まれていて、それが実際の対面的、即時的な対他関係に影響を与える、ということである。ここでいう「社会内部で独自に想像された対他関係」とは、相手との間に過去にどのような関係を持っていたかという記憶や、相手の関係について第三者(国際社会など)が下す評価、さらには主体が抱く対他認識や相手を通して形成される自己認識など、主体のなかに蓄積され内在化された認識枠組みに即して想像された関係のことを指す。そして、その「独自に想像された対他関係」は、多くの場合、現在対面的、即時的に成立している現実の「みえる」関係に作用し、それを変質させるのである。

この、対面的即時的ではない、認識のなかに組み込まれた不可知な関係性を、ここでは「埋め込まれた関係性」(embedded relationship)と呼んでおこう。[3] 予想できない感情が噴出し、予想できない衝突や対立が生まれるのは、当該主体間で「埋め込まれた関係性」がなんらかの契機で活性化されるからだと考えることができる。

ブレイカーとハチソンは、感情は合理性と二項対立的に論じられてきたと指摘するが、そこで「感情は誤解を説明するときだけ使われる」(Bleiker and Hutchison 2008)、つまり感情は「逸脱」的出来事を説明する非合理的な要因としてのみとらえられてきた、と指摘する。このことを「埋め込まれた関係性」の概念を使って言い換えれば、対面的な関係、すなわち目にみえる関係から生じる予想可能な出来事は「合理性」の枠内で分析されるが、対面的な関係とパラレルに存在する「埋め込まれた」関係性から生み出される、感情や認識枠組み、価値概念を基盤に発生する出来事は、不可知で予想できないがゆえに「誤解」としてしか処理されない、ということになろう。

その不可知的な関係性を「逸脱」「誤解」とみなすことは、上述したように、感情が大きな役割を果たすさまざまな出来事を説明することを放棄することになる。そのため、「埋め込まれた関係性」

という概念を導入することによって、それを「誤解」として分析の例外事象とするのではなく、対面的対他関係と「埋め込まれた関係性」に基づく対他関係との間の「ずれ」、認識のギャップを分析対象とすることが可能となる。

「掘り起こし」の重要性

さて、記憶や対他認識、他者のまなざしを通じた自己認識などが関係性としていったん「埋め込まれた」のち、それがどのような契機で、どのような形で「掘り起こされる」かが、重要となる。掘り起こされることがなければ、それはあくまでも不可知で「みえない」ままに個人的な潜在感情にとどまるが、それがいったん掘り起こされたとき、現実の対面的即時的関係に作用を及ぼすからである。

そのため、どのような「掘り起こしのメカニズム」が存在するかを分析することが肝要となる。上述の感情研究においては、それを掘り起こす政治家、運動家の言説を分析して、掘り起こしのパターンを解明する方法がとられる場合が多い(4)。このメカニズムとそれを分析する手法は、プロト・ナショナリズム(ナショナリズムの原型)がいかにナショナリズムへと展開するかを論じたフロフの議論にも通じるものであろう(Hroch 1996)。

ここで、冒頭の問題意識に戻ろう。新しいグローバルな危機はなぜ予測不能で、唐突なのか。これまで指摘してきたように、不可知な「埋め込まれた関係性」が現実の対面的関係に関与してくることで、単純な表面的関係のみを判断材料としては変化が予測しがたくなる、という点が、理由の第一に挙げられる。と同時に、もうひとつの予測不能原因として、埋め込まれた関係性を掘り起こすメカニズムに変化が生じ、掘り起こしパターンが変化したので予測不能となった、という理由が考えられる。たとえば、「屈辱」や「尊厳」といった意識は、アルカーイダによってはアメリカ、イスラエルを攻撃対象として「掘り起こされ」てきたが、「アラブの春」において「尊厳」を侵害するものとして非難の矢が向けられたのは、国内の政権、既存の支配エリートであった。このように、二〇〇一年と二〇一一年では、「屈辱／尊厳」意識の掘り起こしの方法や方向性が変化したわけで、この変化が捉えられなければ、感情の突然の変節は非合理的なものとしてしか把握されない。

こうして、「埋め込まれた関係性」は、掘り起こされ方の変化によって、それが現実の対面的関係に与える影響も変わってくる。この点が、既存の、特にコンストラクティビズムが展開するアイデンティティにまつわる議論と異なる点である。多くのコンストラクティビズム国際関係論では、アイデンティティの国際関係における重要性を強調する。中東・アラブ世界においてナショナルなアイデンティティが定着しないことに対して、汎アラブ主義や汎イスラーム運動を支える超ナショナル(supra-national)・アイデンティティや部族、宗派に起因する準ナショナル(sub-national)・アイデンティティの役割が重要であると指摘するヒンネブッシュの議論は、その典型例である(Hinnebusch 2016)。だがこれに対して、ポスト・ポジティビズムや関係学の視点からは、コンストラクティビズムはアイデンティティを実体として扱い、その可逆的、可変的な側面に光を当てていない、との批判がなされている(Bucher and Jasper 2017: 391-415)。

アイデンティティが本質的なものか、社会構築的なものなのかの議論は、ナショナリズムやエスニシティ分析、宗派分析において繰り返しなされる議論である。この堂々巡りを回避するためにも、アイデンティティや感情が常に流動的で可変的であることを前提としてその作用を分析する「埋め込まれ－掘り起こし」の視座は、有用であろう。

以下では、「埋め込まれた関係性」を具体的な事例を取り上げて、説明していく。そこでは、「歴史的空間的記憶として埋め込まれた関係性」、「定型化された分類枠が埋め込まれた関係性」、「他者からのまなざしを内在化させた埋め込まれた関係性」の三種類を見る。そしてそれぞれのパターンについて、そこにいかなる関係が「埋め込まれ」ているのか、そしてその「埋め込まれた関係」がいかに「掘り起こされ」、現実の対面的関係に影響を与えているのかを、主として中東を事例にとって考察したい。

三　三つの「埋め込まれた関係性」

歴史的空間的記憶として埋め込まれた関係性

第一の「埋め込まれた」関係性のパターンは、歴史を遡って記憶されたり、空間的に広い範囲で共有される他者との関係性が、記憶として「埋め込まれ」、「掘り起こされ」て現実の対他関係に影響を与える、というものである。

ファッターフとフィルケは、感情、特に「屈辱」や「裏切り」意識を取り上げて、それらが「文化的に特定の形式のなかで意味を付与され、また歴史的、文脈的に特定の出来事に対して対応したものである」と述べる(Fattah and Fierke 2009: 71)。そこでは、イスラーム諸王朝が過去に誇ってきた栄華が現代において失われたことや、イスラエル建国によるパレスチナ人の難民化、エルサレムの占領などの歴史的事象が、イスラーム主義者のナラティブのなかで「屈辱」を喚起するマーカーとなっている、と指摘する。歴史上経験した「屈辱」が、深く中東・イスラーム世界の人々の意識下に、記憶として埋め込まれているということである。そして、それは同時に空間的にも、「イスラーム共同体」「アラブ民族」といった地理的広がりを持った共通の記憶としても埋め込まれる。つまり、歴史的記憶が、現実の対他関係のなかで類似の出来事が起きた際に、なんらかのきっかけで空間的に共有された意識として掘り起こされるのである。

そこでは、いかなる言説をもって対他関係が掘り起こされるかが重要になろう。そこで起用される言説が、現実に対面する他者をフレーミングすることになるからである。ファッターフとフィルケの言う「文化的に特定の形式のなかでの意味付与」が、ここでは「歴史的空間的記憶として埋め込まれた関係性」にあたると言えよう。

具体的な例を挙げれば、9・11事件から対テロ戦争の一〇年間に、アメリカおよびアラブ世界で飛び交った言説がそれにあてはまるだろう。そこで交わされた言説は、まさにアラブ世界が中世以降植民地時代に至るまでのヨーロッパとの間に経験してきた、「屈辱」にかかわる歴史上の「埋め込まれた」関係性を再生し、活性化したものに他ならなかったからである。9・11事件の五日後に行われた記者会見で、ブッシュ米大統領が「この十字軍、このテロに対する戦いは、しばらくかかる」と述べたことは、(5) 広く中東・イスラーム世界で、中世の十字軍によるエルサレム奪回攻撃を想起させた。欧米の論調のなかには、この衝突をキリスト教世界対イスラーム世界とみなして対テロ戦争を第一二次十字軍と呼ぶ論者も出現した(6)。

また、二〇〇三年の米軍によるイラク軍事侵攻は、アメリカにとっては「イラクでアメリカ人は解放者とみなされる」(チェイニー米副大統領)ような、歓迎されるべきものだったのに対して、イラクの反米勢力および多くのアラブ知識人は、その攻撃と占領を、イギリスの第一次世界大戦時のメソポタミア進軍とバグダードの陥落、その後の植民地占領と同一視した。アラブ・メディアの多くは「アメリカ」の存在を二〇世紀初頭のイギリスによる植民地支配と重ねた形で歴史的な記憶を掘り起こし、米軍による政権転覆を外国による支配と位置付けた。その結果、その外国の手によって成立した二〇〇三年以降のイラクの政権を、「反革命的(すなわち植民地主義に迎合するもの)」とする論調を展開した(酒井二〇一七)。

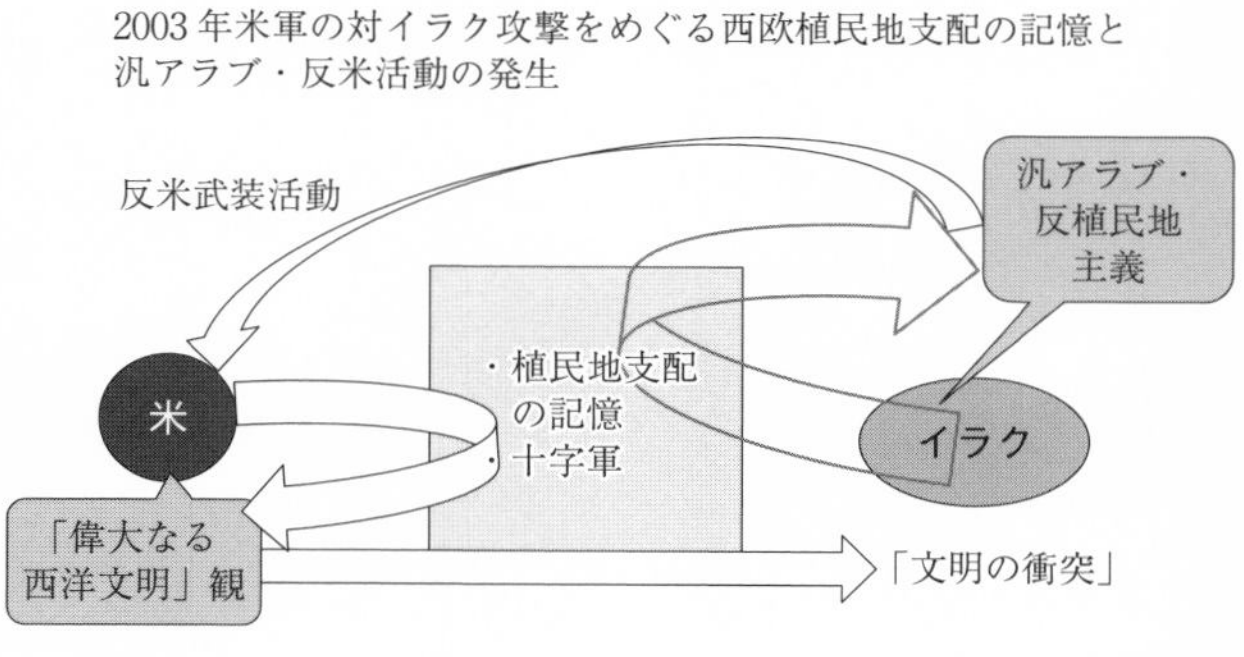

出所）筆者作成

図1-1 歴史的空間的記憶として埋め込まれた関係性

約言すれば、反植民地主義を掲げることで支配の正統性を確立してきたアラブ・ナショナリスト政権やポスト・コロニアルな政治勢力全体が、イラクで展開される「米軍対占領下のイラク」という対立軸を再解釈、発展させて、イラク戦争とそれへの反対を、壮大な植民地抵抗運動の文脈のなかに位置付けたのである。

その文脈は、空間的にもさらに広い世界へと拡散した。アメリカに対峙するイラクの反米勢力は、それがファッルージャやモースルなどの一部の地域に特定されるものであったにもかかわらず、イラク全体を代表するものとみなされ、さらにはアラブ世界全体を代表し、最終的にはポスト・コロニアルなアジア、アフリカへと地理的に拡大された。それが、より広い範囲で「アメリカ対反米の非欧米地域」という関係性へと転換され、ISなどの国際的反米ネットワークの出現へとつながったことは、言うまでもない。

このように、米軍とイラクの反米勢力、つまり占領者と被占領者という(比較的単純に見える)二者間の対面的な関係は、歴史的、空間的な広がりのなかで解釈される「埋め込まれた」関係性からの影響を強く反映することとなり、重層的な関係性の網へと誘われるのである。ブッシュ政権がイラク戦争を簡単な戦争と読み間違えたとの指摘はしばしばなされるが、それは単にブッシュ政権がイラクを「誤解」したからではなく、アラブ、イスラーム世界において広範に広がる「歴史的空間的記憶として埋め込まれた関係性」が掘り起こされる可能性を、考慮していなかったからだといえよう。

一方で、興味深いことに、このような形で「植民地支配」という歴史的記憶の「掘り起こし」から「屈辱」の感情が生起するというパターンは、二〇一〇―一一年の「アラブの春」発生時には見られない。「アラブの春」では、少なくともチュニジアとエジプトの例においては、「屈辱」意識と「尊厳の回復」への希求は、あくまでも対面的な相手である自国の政権に対して向けられたものであり、そこでは「埋め込まれた関係性」を掘り起こして外国に感情のベクトルを向けるメカニズムは作動しなかった。空間面においても、ほぼ全土のアラブ諸国に路上抗議運動が波及したものの、それは「アラブ・ナショナリズム」や「イスラームのウンマ」といった伝統的な汎意識の共有ではなかった。これは、埋め込まれた関係性がいかに掘り起こされるか／掘り起こされないか、そのパターンが固定的なものではないことをよく示している。

定型化された分類枠が埋め込まれた関係性

次に指摘するのは、社会的、文化的な特殊性をもとに定型化された分類枠が、不可知な関係性のなかに埋め込まれている場合である。植民地支配過程で西欧列強がアジア、アフリカの社会集団に付与した「部族」概念が、その典型的な例であろう。大英帝国の植民地支配者は、インド(現在のパキスタンを含む)やアフリカ、中東地域に支配を広げる過程で、分類不能な「未開の」集団を一律に「部族」tribesと名付けた。そのため、各地で「部族」と名付けられた集団の実態には共通点がないばかりか、植民地支配の一環として新たに「部族」が設定されたケースもある(松田二〇〇〇：五七―五八)。このように、外部から設定された分類枠は定型化され、それが設定された社会において、あたかも歴史を遡って存在し続けた実体であるかのように、「埋め込まれて」いく。九〇年代のルワンダでの内戦、虐殺の際の対立軸とみなされる「ツチ」と「フツ」の「部族」間紛争はその例であろう。その分類概念は植民地以前からあったものの、それが人種的というよりむしろ社会階層的な差異であったのに対して、ベルギー植民地支配下で「ツチ」が優遇されたことで、差異が固定化したことを、武内は指摘している(武内二〇〇〇：二四七―二九二)。

このような外部から持ち込まれた定型化された分類枠は、固定化される場合もあれば、「埋め込まれた」まま長く「掘り起こされ」ずにいる場合もある。また「掘り起こされ」ないままにあったのが、突然何らかの契機で表面化する場合もある。後者の一例として、中東地域における二〇〇三年以降の突然の宗派対立の噴出を挙げることができよう。イラク戦争によって政権転覆、選挙制度の導入を経験したイラクでは、選挙の結果、人口の多数派を占めるイスラーム教シーア派出身の政治家が政権中枢を占めたことで「政権のシーア派化」が取りざたされ、周辺のスンナ派人口の多いアラブ諸国に危機感が広まった。(7)

この事例を「掘り起こされないままにあったのが突然表面化した」例とみなしうるのは、あからさまな宗派に基づく対立、衝突が、二〇〇三年以前には、イラクのみならず中東ではさほど顕在化していなかったからである。イラン革命発生直後に、その影響から、ペルシア湾南岸地域におけるシーア派社会とそれらが帰属する国(特にサウディアラビア、バハレーンなど)の支配政権との間で一部緊張、対立が生じたが、それらは主として宗派というアイデンティティに基づく対立ではなく、イラン革命型イスラーム共和制対王政という政治体制上、あるいはイデオロギー上の対立とみなされてきた。さらには、イランとアラブという民族的差異を原因としたもの、ないしはイランとサウディアラビアというペルシア湾岸地域の二大地域大国間の覇権抗争の派生形としてみなされてきた。

しかし、二〇〇六年以降にイラク国内で激化した内戦は、明確に宗派的帰属を理由とした衝突となった。そこに、なぜ突然「宗派」要因が紛争の主要な対立軸となったのか、という疑問が生じるが、(8)それを説明する上で、「宗派」という定型化された分類枠がそこで「掘り起こされた」という解釈をあてはめて考えると、わかりやすい。すなわち、それまで「埋め込まれて」表面化していなかった「宗派」分類枠が、主として国際社会および域内の政治環境の変質や、域内主体間関係の変化によって「掘り起こされた」と考えられるのである。

加えて、イラクでの政権交代後に表現の自由が促進されたことや、SNSや衛星放送の発展により視覚情報が共有されたことで、宗派的表象が迅速かつ広範囲に流通したという、情報技術革新の要素を抜きにすることはできない。社会的、文化的特殊性（エスニシティ、宗教、宗派、部族、地域的慣習など）を表象するシンボル（儀礼やスローガンに使用される常套句、色など）が表出したとき、そのシンボルの背景にあると想像される主体（当該地域の外にあるものを含めた同じエスニシティ、宗教、宗派、部族などを共有するトランスナショナルな集団）が定型化された分類枠として「掘り起こされ」やすい。宗派に関しては、特にシーア派のもつ儀礼の種類、シンボルの多さといった視覚的独自性が、宗派的差異を浮きあがらせるという側面は否定できないだろう。そこで、シンボルを通じて単純化された「シーア派」という宗派的ステレオタイプが、対他認識のなかで先行し、一種の想像された関係性を成立させたと考えられよう。

とはいえ、シンボルや儀礼が固定化された「宗派」枠組みのみを喚起するかといえば、必ずしもそうではない。同じシンボルや儀礼が宗派的意味を強く表出する場合もあれば、それが別の意味、たと

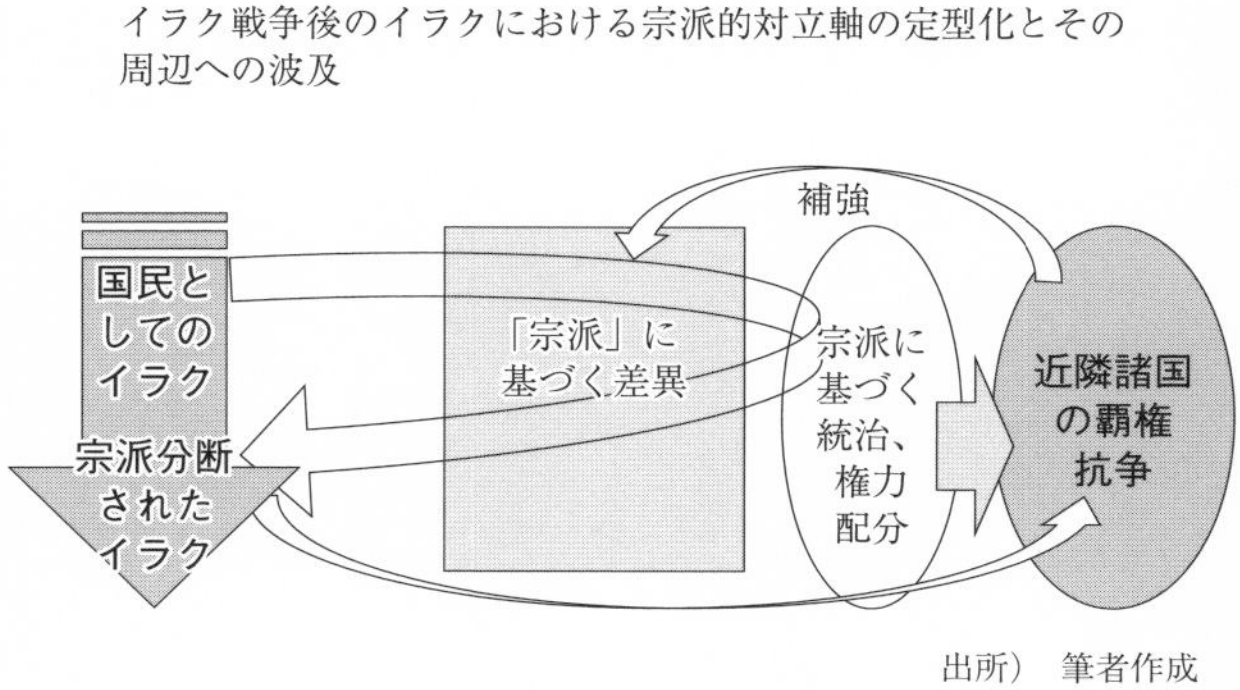

図 1–2　定型化された分類枠が埋め込まれた関係性

えば地域的特性やナショナルなものを表す場合もある。イラクの建国直前に発生した一九二〇年蜂起(thawra al-ishrin)は、イギリスの植民地支配に反発する諸勢力のなかでも特にシーア派の宗教権威や部族勢力が中心に実行した反英暴動で、これまで一般的にはシーア派社会の政治運動と位置付けて解釈されてきた。だが、イラク戦争後にはスンナ派の反米抵抗運動が、二〇年蜂起を外国の支配に対する抵抗のシンボルとみなし、「一九二〇年蜂起」という名をその組織名に冠する組織が出現した。このケースは、同じシンボルが「シーア派」という「定型化された分類枠」を掘り起こす場合もあれば、「反植民地主義」という「歴史的空間的記憶」を掘り起こす場合もある、という好例であるといえよう。

他者からのまなざしを内在化させた埋め込まれた関係性

第三の埋め込まれた関係性として指摘したいのは、他者からのまなざしを自覚し内在化した主体の、内的な関係性である。前述したチェイニー米副大統領の発言にみられるように、イラク戦争開戦において、米軍がそのイラク侵攻を「イラク社会に歓迎されるもの」とみなしたという「誤解」が、その例として挙げられよう。一九九一年、湾岸戦争末期に一部のイラク反体制派から米軍に対して強い介入要請があったものの、米軍はそれに呼応した行動をとらなかった。だが、介入要請があったという記憶が、米軍や政権担当者の間で「イラク人のまなざし」に関する認識枠組みの前提となり、それによって「誤解」が生じたのである。以下、詳細をみていこう。

一九九一年、湾岸戦争停戦直後にイラク国内で反政府蜂起(インティファーダ intifada)が全国的に発

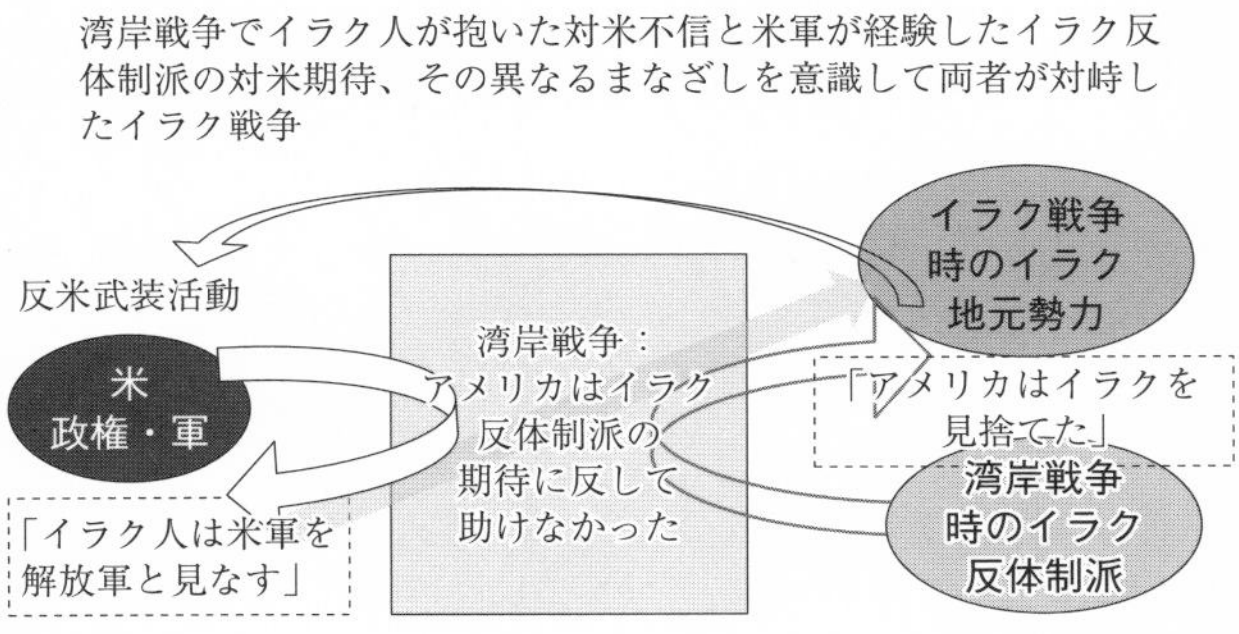

出所）　筆者作成

図 1-3　他者からのまなざしを内在化させた埋め込まれた関係性

生した。このとき、米軍は、湾岸戦争中はしきりにイラク国内に反フセイン蜂起を呼びかけていたが、蜂起に立ち上がった反政府派の救援の求めには、一切手を貸さなかった。この際フセイン政権を打倒できなかった、ということが米政権の遺恨となったが、その遺恨を解消するための一二年後のイラク戦争は、一部の在米イラク知識人の助言の影響もあって湾岸戦争時の対イラク認識が継承され、イラク人に望まれて進軍するのだという楽観的認識を以て臨まれた。

反面、湾岸戦争後の米軍の非協力は、その後イラク国内で対米不信感を定着させていた。その結果が、イラク戦争直後に噴出した国内、特にシーア派勢力による激しい反米活動である。湾岸戦争時以降、対米接近を進めてきたのは、もっぱら海外に亡命していたシーア派イスラーム主義勢力であった。だが、同じシーア派の国内政治勢力である「サドル潮流」が展開した激しい反米抵抗運動は、アメリカの予想しなかったことであり、以降長く米軍のイラク駐留を悩ませた(酒井二〇〇四)。

このアメリカの「誤解」は、国際社会の救援を求めるという当時の反政府勢力、特に欧米に亡命していたイラク人のアメリカに対する「介入期待」というまなざしが、ブッシュ政権における政策立案者のなかに埋め込まれたこと、だがそのまなざしとイラク現地社会に内在化した対米不信、反発が、イラク戦争に至るまでの間、ずれたままにあったことから生じたものである。(9) イラク戦争の戦後処理の「失敗」は、イラク・米間の内在化された関係性にずれが生じたまま、双方がそれに基づいて、戦争という現実の対面的関係を構築したことに起因しているといえよう。

おわりに

このように、「埋め込まれた関係性」とその「掘り起こしメカニズム」という視座を導入することによって、本章が課題とする不可知な「みえない」関係を「みる」ことが可能になると期待できる。この不可知な「埋め込まれた」関係性が、グローバルな危機と言える出来事として顕在化し、眼前にあらわれるときには、それが「掘り起こされ」、現実の対面的な関係に影響を与える、あるいはそれと矛盾をきたして関係の交錯を複雑化させる、というプロセスが存在するからに他ならない。

そのため、まず第一に、「みえない」関係性にどのような歴史的空間的記憶が埋め込まれているか、どのような定型化された分類枠が埋め込まれているか、そしてどのような形で他者のまなざしが内在化される契機となったのかを解明することが、「みえない」関係性の土台を把握することにつながる。

第二に、その「埋め込まれた関係性」はどのような政治経済社会的環境において「掘り起こされ」るのか、「掘り起こす」主体と「掘り起こされる」対象との関係はいかなるものなのか、そのメカニズムを解明することで、「出来事化」の過程を追うことができる。

そして第三に、そのように「掘り起こされた」関係が、現実の対面的関係とどう矛盾、齟齬をきたし、「出来事」の展開にどのようないびつさをもたらすかを分析することで、紛争の発生に連なる過程を把握することができる。

この三つの可能性について、第一段階では地域研究、特に歴史学的アプローチが重要な役割を果たし、第二段階ではディスコース分析や表象分析が効果的であろう。そこでは地域研究によるエスノグラフィックな実態調査も有意義である。そして第三段階では国際関係論が重要になってくる。

このように考えると、これまで述べてきた「埋め込まれた関係性」に着目する視座を導入することは、既存の学問分野にさまざまな点でブレイクスルーをもたらすに違いない。

まず国際関係論に対しては、特にコンストラクティビズムの議論のなかでアイデンティティとして扱われてきた準ナショナル、超ナショナルな帰属意識やネットワークを、より柔軟性をもって扱う視角を提供する。それは、特に二〇〇三年以降、安全保障上の観点から非国家主体や感情といった不可知な要因も研究対象にしていかなければならないという、政策的な必要性の高まりに対する防波堤を築くことでもある。

イラク戦争の戦後処理の失敗に対して、米政権は占領相手国の「心と気持ちをつかむ」(heart and mind)ことの必要性を実感し、非国家主体を扱う文化人類学など地域研究の知見を、イラクでのテロ対策に活用する方策がとられた(酒井二〇一八：九四)。だが単純に可知化することが容易ではない複雑な関係性を、単純化したリアリスト的わかりやすさに落とし込むことは、決して問題解決への近道にはならない。反米抵抗運動やテロ組織などの非国家主体を国家主体に代えて国家主体同様に扱う、あるいはアイデンティティという不可知で数値化しにくい要素によって成り立つ、宗派や部族などのネットワークを制度化された組織やシステムと同様に扱う、という考え方は、従来の主体中心の視座の持つ欠陥をさらに拡大するにすぎない。主体中心主義を関係中心主義に移行し、「埋め込まれた関係性」に着目することは、こうしたリアリスト的解決方法に対するオルタナティブを提供する。

一方で、「埋め込まれた関係性」の視座は、地域研究にはいかなる展開をもたらすだろうか。たとえば、上記で挙げた近年の宗派対立とみなされるアイデンティティをめぐる紛争に関して、これを「埋め込まれた関係性」が掘り起こされたものと考えれば、本質主義的議論に絡めとられることなく、そのアイデンティティの活性化、政治化の過程を関係論的に捉えることができる。また、同様に超ナショナルなアイデンティティとして、中東のトランスナショナルな社会政治運動を生み出し続けてきたとされる汎アラブ主義やイスラーム主義、あるいは宗派の持つトランスナショナルなネットワークについても、これを「歴史的空間的記憶として埋め込まれた関係性」と捉えれば、民族や宗教的要素を本質主義か構築主義かといった議論のなかに矮小化することなく、こうした超ナショナルな連動性を捉えることができる。

ここで提示する、対面的、即時的関係に対して不可知な「埋め込まれた関係性」を措定するという発想は、二〇〇一年以来のアメリカを中心とした国際社会による「グローバルな危機」に対する誤解と失敗を、例外的出来事とみなすのではなく、分析し解決すべき国際政治上の重要な事象であると位置づけるために、生まれたものである。地域を起源としたさまざまな「グローバルな危機」を国際政治の産物とする外生的原因論と、地域が有する社会的、歴史的、文化的特殊性に起因するとする内生論とが接点もなく不毛な二項対立を続けるなか、その単純な二極化を廃して、かつ単なる両論併記に終わるのではない、「新しいグローバルな危機」を分析する「関係論」の視座は、「埋め込まれた関係性」という視点を導入することで可能となるのである。

注

（1） 感情研究の全体像を俯瞰したものとして Ariffin et al.（2016）がよくまとまっている。

（2） 国際関係論の分野において、唯一感情を分析要素に入れて研究がなされてきたのは外交研究で、外交担当者の個人の心理、感情が外交政策決定を左右する、という認識を前提とした研究が行われてきた。

（3） それは、Smith（2004）が、ベラスケスの絵画を例にとって、絵の主題が中心に描かれている人物なのか、鏡に映っているその両親なのか、描いている画家なのかと問うて、見るものと見られるものの関係性の複雑さ、入れ子関係を説明する、その入れ子関係に近い概念である。

（4） Fattah and Fierke（2009）は、アルカーイダなどのイスラーム主義者が、過去に埋め込まれた「屈辱」意識を掘り起こすナラティブを確立した、と指摘する。

（5） https://georgewbush-whitehouse.archives.gov/news/releases/2001/09/20010916-2.html（二〇二〇年六月一二日アクセス）による。

（6） 米日刊紙『ニューズデイ』には、米軍の対アフガニスタン攻撃を第一二次十字軍と呼ぶ論考が掲載された（Pinkerton 2003）。

（7） 二〇〇四年、ヨルダンのアブドゥッラー国王が「シーア派の脅威」を明言する発言を行ったことは、スンナ派とシーア派間の亀裂がイラク国内のみならず中東域内に拡大していたことを示す事例である。

（8） この疑問をめぐり、宗派主義とは何か、についての多数の論考が発表されているが、それらを概観したものとして、Sakai and Suechika（2020）が最もわかりやすい。

（9）　なお、亡命イラク人政治家の国際政治に果たした役割の分析については、本シリーズ第七巻第一章（酒井）にて詳細に論じる。

参考文献

アーリ、ジョン（二〇一四）『グローバルな複雑性（叢書・ウニベルシタス）』吉原直樹・伊藤嘉高・板倉有紀訳、法政大学出版局

河野勝（二〇一八）『政治を科学することは可能か』中央公論新社

斉藤緑・大隅俊宏・大澤博隆・村川賀彦・今井倫太（二〇一二）「ソシオン理論に基づきモデル化したエージェントと人との関係性のシミュレーション」ＨＡＩシンポジウム二〇一二　http://www.ii.is.kit.ac.jp/hai2012/proceedings/pdf/2E-4.pdf

酒井啓子（二〇〇四）『イラク　戦争と占領』岩波新書

酒井啓子（二〇一七）「戦後のイラクで何が対立しているのか――関係性の結果としての宗派（地域研究と国際政治の間）」『国際政治』一八九号

酒井啓子（二〇一八）「終わらない国際政治学と下僕ではない地域研究のために――中東地域研究が提示するもの」葛谷彩・芝崎厚士編『「国際政治学」は終わったのか』ナカニシヤ出版

武内進一（二〇〇〇）「ルワンダのツチとフツ――植民地化以前の集団形成についての覚書」武内進一編『現代アフリカの紛争――歴史と主体』研究双書№.五〇〇

松田素二（二〇〇〇）「日常的民族紛争と超民族化現象――ケニアにおける1997－98年の民族間抗争事件から」武内進一編『現代アフリカの紛争――歴史と主体』研究双書№.五〇〇

吉川徹（二〇一四）『現代日本の「社会の心」――計量社会意識論』有斐閣

吉田徹（二〇一四）『感情の政治学』講談社選書メチエ

Ariffin, Yohan, Jean-Marc Coicaud, and Vesselin Popovski eds. (2016) *Emotions in International Politics: Be-*

yond Mainstream International Relations, Cambridge University Press.

Balzacq, Thierry, and Robert Jervis (2004) "Logics of Mind and International System," *Review of International Studies*, 30(4).

Bleiker, Roland, and Emma Hutchison (2008) "Fear No More: Emotions and World Politics," *Review of International Studies*, 34(S1).

Bucher, Bernd, and Ursula Jasper (2017) "Revisiting 'Identity' in International Relations: From Identity as Substance to Identifications in Action," *European Journal of International Relations*, 23(2).

Crawford, Neta C. (2000) "The Passion of World Politics: Propositions on Emotions and Emotional Relationships," *International Security*, 24(4).

Crawford, Neta C. (2014) "Institutionalizing Passion in World Politics: Fear and Empathy," *International Theory*, 6(3).

Demertzis, Nicolas ed. (2013) *Emotions in Politics: The Affect Dimension in Political Tension*, Palgrave.

Fattah, Khaled, and K. M. Fierke (2009) "A Clash of Emotions: the Politics of Humiliation and Political Violence in the Middle East," *European Journal of International Relations*, 15(1).

Hall, Todd H., and Andrew A. G. Ross (2015) "Affective Politics after 9/11," *International Organization*, 69, Fall.

Hinnebusch, Raymond (2016) "The Politics of Identity in Middle East International Relations," Louise Fawcett ed., *International Relations of the Middle East* (4th edn), Oxford University Press.

Hroch, Miloslav (1996) "From National Movement to the Fully-Formed Nation: The Nation-Building Process in Europe," Geoff Eley and Ronald Grigor Suny eds., *Becoming National: a Reader*, Oxford University Press.

Hutchison, Emma (2016) *Affective Communities in World Politics: Collective Emotions after Trauma*, Cambridge University Press.

Kingston, Rebecca, and Leonard Ferry eds. (2008) *Bringing the Passions Back In: The Emotions in Political Philosophy*, UBC Press.

Koschut, Simon et al. (2017) "The Forum, Discourse and Emotions in International Relations," *International Studies Review*, 19.

Mercer, Jonathan (2010) "Emotional Beliefs," *International Organization*, 64.

Pinkerton, James (2003) "Century In, Century Out—It's Crusade Time," *Newsday*, December 4.

Rythoven, Eric Van, and Mira Sucharov eds. (2019) *Methodology and Emotion in International Relations: Parsing the Passions*, Routledge.

Sakai, Keiko, and Kota Suechika (2020) "Sectarian Fault Lines in the Middle East: Sources of Conflicts or Communal Bonds?" Larbi Sadiki ed., *Routledge Handbook of Middle East Politics*, Routledge.

Scheff, Thomas (2013) "Repression of Emotion: A Danger to Modern Societies?" Nicolas Demertzis ed., *Emotions in Politics: The Affect Dimension in Political Tension*, Palgrave.

Smith, Steve (2004) "Singing Our World into Existence: International Relations Theory and September 11," *International Studies Quarterly*, 48.

第2章　通時的関係性の錯綜から「危機」を分析する

松永泰行

はじめに――「グローバル関係学的」で何を目指しているか

関係学的(relational)でない社会学を構想するのは困難だと言われる。政治学も同じである。権力に纏わる問題を実証的に検証、考察するのが政治学であるとすれば、それは必然的に関係学的であらねばならない。このことは社会科学が社会科学である限りそうであろう。しかしこのことは、社会科学の様々な学派が同程度に関係学的であるということを意味するものではない。またそれぞれの学派の間で、関係性をどのように構想するかにおいてかなりの違いが見られることも事実である。

本叢書シリーズの基になる「グローバル関係学」研究プロジェクトでは、新奇あるいは予想外な形で現れてきている「グローバルな危機」分析のための、新たな視座や枠組みを確立することを目指してきた。その背景となっている考え方は、次のとおりに纏めることができる。

離れた地点で生起する一見無関係な社会現象が、全世界的な規模におけるレベル・種類・性格を異にする主体・現象間の連結性の増加（いわゆる広義のグローバリゼーション）という総体的な背景の下で、容易には理解しがたい形の複雑な過程を介して繋がっているとの指摘（例えばUrry 2003）には、一定程度の尤もらしさ（plausibility）が見て取れる。現代のグローバル化した世界を背景とする種々の危機的な社会現象（「グローバルな危機」）の解明と、それらの解決策の実践的な模索には、主だった行動主体そのものやそれらの主体間の相互行為や関係性の変化を分析の対象とするだけ（本巻序章の言葉を使うと「主体中心主義」的な研究態度）では追いつかない。主体内部を含む様々なレベル・規模における関係性が、通常の分析レベルおよび時空間的範囲を念頭におく、既存の学問領域に固有の手法においては補捉されがたい形において、相互に連結および作用し合い、問題を発生させ、その解決を複雑化させている様態（本巻序章の言葉では「主語のない世界」の「みえない関係」）を、新たな視座や研究手法を用い分析することが必要となる。

本巻の序章で述べられているとおり、本叢書シリーズが依拠する研究プロジェクトでは、そのような「グローバルな危機」の解明に当たって、「関係性」を鍵概念とし、ローカルなレベルからグローバルなレベルまでにおいて、これまで「みえてこなかった」様々な種類の関係性に着目し、その変化と相互連関性を検証することで学問的な新奇性を生み出そうと努力してきた。そのような新たな視座や研究手法の実践としての「グローバル関係学」は、科学哲学の分野でラカトシュが唱えた「科学的研究プログラム」（Lakatos 1978）として捉えることが一番ふさわしい。ラカトシュ的な意味での「研究プログラム」は、科学的な進歩や停滞・退化の判断が可能となる研究上の塊り（単位）である。物理学や社会学など既存の学問的ディスィプリン（いわゆる何々学）の枠内に、そのような「研究プログラム」（例えばニュートンの重力理論やアインシュタインの相対性理論など）が複数あり、互いに競い合う状態が想定されている。詳細は省くが、ラカトシュの視座の特徴は、個別の「研究プログラム」の有益性や比較優位性を、新たなデータ（証拠）や不可解な事象が出てきた際に、行き当たりばったりの苦しい説明ではなく、いかに自らが拠って立つ中核的な知見（「堅い核」）に損傷を加えることなく、補助仮説（「防御帯」）を柔軟に活用してきちんと説明できるか否かに求めた点にある。言い換えると、実証的で実用的であるはずの科学（自然科学および社会科学）において、その有益性の面で実際に競合し、繁栄衰退している集団的営みの単位を「研究プログラム」と呼んだということである。

これを「グローバル関係学」に当てはめて考えると、「研究プログラム」としての「グローバル関係学」は、既存の関係学的および非関係学的な「研究プログラム」としのぎを削っていることになるが、その外枠（つまりどの枠組みの下でしのぎを削っているかを示す大枠）は狭義のディスィプリン（いわゆる何々学）ではありえない。むしろ、社会科学全体、あるいは人文・社会科学全体と想定するのが相応しいであろう。なぜならば、本「グローバル関係学」叢書シリーズが依拠する研究プロジェクトには、国際関係論から、政治学、国際経済学、社会学、文化人類学など、複数のディスィプリンを基盤とする研究者が参加してきており、それらを横断した、より上位のレベルにおける新たな「関係学」の視座を確立することを目指してきたからである。

一　求められる関係学とその系譜

冒頭でも述べた通り、関係学的でない社会科学は想像しがたいとすれば、関係性を鍵概念として新たな視座や方法を用い「グローバルな危機」を解明する「グローバル関係学」がラカトシュ的な意味での「研究プログラム」たるためには、その「関係性」への眼差しが旧態依然なものであっては意味がない。その一方で、いかなる関係性に着目し、それを通して「みえてこなかった」ものを浮かび上がらせるかという目前のタスクに対する「解」(解決策)は、一つに決まることは考えにくい。経験世界の現実が複雑かつ多面的・重層的なものであり、その中で生起してくる問題の性格や様態が様々であるならば、試してみるに値する「解」(新たな視座や分析法)も常に複数あると考えるのが自然であろう。

したがって、いくつかありうる「解」の一つとして本章で探求する通時的関係性に着目する「グローバル関係学」の視座と手法とその意義を考える前に、社会科学における代表的な既存の関係学の系譜をたどってみたい。そうすることで、通時的関係性の錯綜から「グローバルな危機」の分析を試みる本章での提案を、より適切な文脈の中に位置づけることができるであろうと考えるからである。

チャールズ・ティリーの関係学

革命や社会運動などの政治変動に向けた動員や政治的暴力等の争議政治(contentious politics)のダイ

ナミズムを解明した政治社会学者、あるいはヨーロッパの近代国家の成立過程を解明した歴史社会学者として名高いチャールズ・ティリー（一九二九―二〇〇八）は、その研究者としての生涯を通じて常に何らかの関係学を実践していたといえる。博士論文を書き直したもので、最初の著書となった一九六四年の『ヴァンデ』（*The Vendée*）において既に、ティリーは（後にエミールバーエル Emirbayer（1997）が「実体主義 substantialist」的視座と呼び、本巻序章で酒井が「主体中心主義」的視座と呼ぶものと基本姿勢を一にする）当時の社会科学で主流であった比較静学（comparative statics）的な分析を拒否し、いかに様々な社会構造的要因がローカルレベルにおける動態的な過程の中で異なる帰結に結び付くことになったかについての解明を行った。その姿勢は、通常社会学者の研究姿勢をよしとしない歴史学者の一部からも評価されるものであった。

その後ティリーは、長いキャリアの過程で、広義の関係学的な社会学の中において見受けられる、（一）構造主義的（structuralist）傾向を持つ関係学から、（二）過程主義的（processualist）傾向を持つ関係学へと傾向性を段階的に変化させて行った[1]。例えば、「歴史と社会学的想像法」と題された一九九四年の論考においては、社会科学にはびこる個体主義（monadism）に陥らずに、歴史性を十分に加味した理論的分析を行うには、「社会生活の基本的な単位は、個々人でも「諸社会」でもなく、社会的場所（social locations）の間の相互行為である」ことを認めることに始まると断言する一方で、相互行為的であることは（ある社会的場所に蓄積した様々な社会関係・文化的制約をも受けるため）同時に構造的であることでもあると認めていた（Tilly 1994: 61, 68–69）。しかし二〇〇〇年代に入ると、構造主義的な用語や概念化を意図的に避けるようになり、「やり取り（取引）」（transaction）を「関係」成立の基本要素と見なし、やり取りの反復が関係(relations)を構築させる一方で、各々のやり取りは、既存の関係や繋がり(ties)およびそれらを取り巻く文化的要素の制約を受けながらそれら(諸制約)をも一部修正するとする、より過程主義的な関係学へと転換を図った(Tilly 2002: xi–xii, Tilly 2005: 7)。

議論を少し先回りしていうならば、ティリーの関係学は、強調される社会関係上の要素やそれらの概念化の変化にもかかわらず、社会科学における広義の関係学の系譜のなかでは、最後まで構造的な性格が根強く残存した関係学であったといえる。しかしこれは、ティリーの分析枠組みのなかで相互行為が織りなす諸過程(interactive processes)が重要ではなかったという意味ではない。それらはもちろん彼の社会事象の説明において中心的な焦点に据えられていた。それにもかかわらず、他のより過程主義的な関係学に比べると、ティリーのものが相対的に構造主義的な関係学に留まっていたといわざるをえないのは、それらの過程を取り巻く構造的要素(優勢な社会関係との意味での体制 regime や個別の主体間における過去の経緯など)に付与された重要性の度合いが、最後まで少なくなかったからである。このことは、彼が説明の対象としていた事象が、争議政治を介在する政治社会学的な帰結(社会運動の成果や政治体制の改編など)であったことに一因があったともいえよう(Cf. Tilly 2006, 2008)。より直接的には、晩年のティリーが存在論的スタンスとして標榜していた、関係学的リアリズム(relational realism)という構想にも一因があるといえる。なぜならば、社会生活におけるリアリティの基盤が相互行為としての個々の(観察可能な)やり取りにあるとするこの立場は、純粋な創発主義(emergentism)に比してかなり物質主義(還元主義)に近いリアリズムであるといえ、そのようなやり取りが積み重なり関係が構築されると考えると、構築された関係は場合によっては高度の拘束力をもつリアリティ、すなわち構造と化すとの帰結に容易に繋がるからである(Cf. Krinsky and Mische 2013, Gross 2010)。

アンドリュー・アボットの関係学

一九九〇年代初頭より、第二次世界大戦後にその影響力を失った「シカゴ学派」社会学の功績に再び光を当てる活動をしてきたアメリカの社会学者に、アンドリュー・アボット(一九四八―)がいる。彼によれば、一九三〇年代前半に衰退し始めるまで、三〇年余りに亘りW・I・トーマス、ロバート・パークやその弟子たちが率いたシカゴ学派社会学の特徴は、(一)社会的主体の属性にではなく、それらの間の関係を強調し、(二)プラグマティズムの影響を汲んだ、自己や他者に関する解釈を強調し、(三)相互行為における社会生活の積極的な構築を強調する伝統であったという。シカゴ学派は、何よりも社会的な場所と時間とそれらの中における関係性、すなわち文脈性を重視した社会学であった(Abbott 1992, 1999)。

自らシカゴ大学大学院で社会学を学び、今日における「シカゴ学派」社会学の実践者を自任するアボットは、近年、自らの関係論的な社会学を「プロセス流」(processual)社会学と呼び始めた(Abbott 2016)。アボットは、その呼び名に落ち着くまで、社会的文脈と社会的時間の中で起こった「出来事」とその展開を検証するという自らの視座を強調するために、それを「叙述流」(narrative)と呼んでいた時期もあった(Abbott 2001)。アボットの視座は、常に(状況依存性、相互影響性を含む)文脈性と(タイミング、順系列を含む)時間軸上性を重視するものとして、シカゴ学派的なものであったといえる。

アボットの関係学一般に対する功績の一つは、今日の社会科学においてその主流派が採用する「変数パラダイム」に基づく実証研究(variable-oriented research)の問題点を正面から議論し、そのオルタナティブを提示した点にある。アボットの批判はまず、「変数パラダイム」の視座が前提とする、「経験世界は、それ自体固定的な諸実体(entities)とそれらの変容する属性(attributes)から成る」という存在論的想定(世界観)に向けられた。さらに、この前提に付随するものとして「変数パラダイム」が措定する、(一)「変数」として捉えられた変動する属性の因果関係的な意味合い、すなわちそれらの「影響」(effects)は、文脈にかかわらず単義的で一様であるとの想定(後者は社会科学の専門用語でいうところの単位同一性 unit homogeneity に相当する)を批判し、(二)順序や順系列(すなわち関連する原因が関与し始める順序)は変数の影響の計測において考慮する必要はない(つまり順系列は重要でない)という想定を、とりわけ問題視する議論を提示した(Abbott 2001: 37–63)。

アボットが指摘するように、「変数パラダイム」に基づく研究は、複数あるいは多数の事例を比較し、規則性に関する一般命題の発見、あるいは繰り返されるパターンやその背後にある因果の仕組みの解明という形でなされる。そこでは、文脈や関係性から引き離された「特性」としての変数、あるいはその組み合わせを介して経験世界における規則性一般、とりわけ社会事象発生の背後にある普遍的な因果関係の解明を目指している以上、個別の文脈による因果関係の決定は、説明の論理から意図的に排除されることが多い。

この(文脈やそこに埋め込まれた関係性を軽視する)傾向性を正当化する議論の一つとして、歴史学とは異なり社会科学においては歴史的個別性の解明を目指していないからという説明がなされることがある。しかしながら、この「変数パラダイム」に基づく実証研究の手法においては、より広範な事例にわたり観察される(いわゆる堅牢な)規則性を見出すことを求める余りに、文脈性の排除が行き過ぎる傾向がある。

この傾向性において、本章の観点から最も問題視されるものは、文脈性の排除の一環として、広義の順系列、とりわけタイミング、関与の期間などを含む「時間軸上の順系列」(temporal sequence)——およびそれがもたらす相互因果関係(mutual causation)や交互作用効果(interaction effects)などの質的変化——が、因果関係的に重要な要素であるとは見なされず、排除されてしまう点である。アボットが強調する「叙述流」あるいは「プロセス流」社会学という視座は、それらの問題に対する解決策の提示を可能とするものである(Abbott 1991, 1999, 2001, 2016)。なぜ解決策を出しうるかというと、アボットの関係学が、社会的な事象を社会的空間と社会的な時間の中に位置づけ、なおかつ動態的に捉えるというシカゴ学派の視座をより純化したものであるからである。

二　通時的関係性に着目する「グローバル関係学」の視座

本叢書シリーズが取り組む「グローバルな危機」の特徴が、序章が示唆するとおり、その背景になる様々な関係性がこれまで十分に「みえてこなかった」ことにあるとするならば、それを解明する関係学の視座が旧態依然なものであってはならないことは、既に言及した。前節で検証したチャールズ・ティリーの関係学とアンドリュー・アボットの関係学の共通性は、いずれも、(一)文脈性と時間軸上性の双方を具現化したものとしての歴史的なプロセスへのまなざしを中心に据えていること、さらに(二)状況依存的な展開を包容可能とする相互行為的かつ創発主義的な分析法を考案している点に見出すことができる。

本章で提起する通時的関係性に着目する「グローバル関係学」の視座は、これらの共通性をある側面においてさらに一歩押し進めたものである。本章の議論は次の一文に総括することができる。「グローバルな危機」が社会的文脈と社会的時間の中で起こる出来事である以上、それらの解明のためには、中でも、時間軸上で因果的な質的変化が起こる過程、すなわち通時的に変化する関係性(diachronic relations)に正面から向き合うことが必要となる。言い換えると、本章では時間軸上の過程(temporal processes)の内部に関係性を見出すことで新味を出すことを構想している。

ここでいう通時的な変化とは、時間の経過に伴う変化(change over time)のことではない。時間の経過に伴う変化において、時間は背景的な位置表示にすぎない。そこでは、要素としての時間は、変化の因果的仕組みに組み込まれていない。通時的な変化とは、時間の経過の内部で起こる変化(change occurring in and through time)を指している(Abrams 1980, 1982; Griffin 1993)。ここでは時間は背景ではなく、変化を媒介するものである。

重要な因果的な質的変化は、社会的な時間の経過の中で起こるという視座(Abrams 1980: 12; Abbott 1999: 196–197)は、本章が提起する「グローバル関係学」の視座の存在論的想定となっている。つまり、本章で言う「通時的関係性」とは、単なる時間の経過を背景としたいくつかの出来事間の繋がりではなく、この存在論的にも重要な時間軸上の因果関係のことを指している。したがって、この視座の下では、何らかの「グローバルな危機」が思いがけない形で生起してくるならば、その出来事の思いがけなさ（つまりその状況依存性）の因果的背景は、文脈性の変化と通時的な変化の組み合わせ、より具体的には、複数の通時的な関係性の状況依存的な錯綜に、帰するほかないということになる。アボットも指摘するように、社会過程における因果性の複雑さの一端は、その内部や周辺に複数の異なる通時的関係性の束（水流）が重層的に流れており、それぞれが異なるスピードで変化をする一方で、相互に条件づけ合う関わり合い方をしていることにある（Abbott 1991: 225, 227; Cf. Pierson 2004: 55-56）。

言い換えると、通時的な過程の内部で因果的に重要な関係的変化が起こると考えるということは、その変化を引き起こしている（上位の）因果の過程（いわば「歴史の流れ」）が単線的であると考えていることを必ずしも意味しないということである。[2] むしろ、シーダ・スカッチポルが一九七九年の著書で指摘していたように、それまでそれぞれ別々の因果に基づき展開していた複数の過程（本章の用語では、通時的に展開する関係性の束あるいは水流）が動態的に錯綜することで、ある重要な出来事（スカッチポルの「社会革命」や本叢書シリーズの「グローバルな危機」）が起こると考えることが最も有意義であろう[3]（Skocpol 1979: 320n16）。つまり、「歴史の流れ」は重層的であり、複数の「みえていなかった」水流が重層的かつ状況依存的に錯綜することで、「グローバルな危機」が顕在化するというイメージ（図2-1）である。

さて、実際にこの通時的関係性の錯綜という視座を用いて「危機」を分析する際には、何を手掛かりにすればよいであろうか。ここで参考になるのは、イギリスの歴史社会学者のフィリップ・エイブラムズ（一九三三―一九八一）が示唆した方法である。エイブラムズは、本章で通時的関係性の錯綜と概念化しているものを「構造化」（structuring）と、動態的ながらもより構造主義的に捉えていた（Abrams

1980)。しかし、時間軸上、すなわち通時的な展開過程のなかでその「構造化」が具現化すると考えていた点で、本章の視座と重なる部分が少なくない。なかでも、エイブラムズの洞察は、「出来事(events)こそ、時間の中における社会的行為の構造化への主要なアクセス・ポイントである」との断言に集約されていると言える(Abrams 1982: 171)。

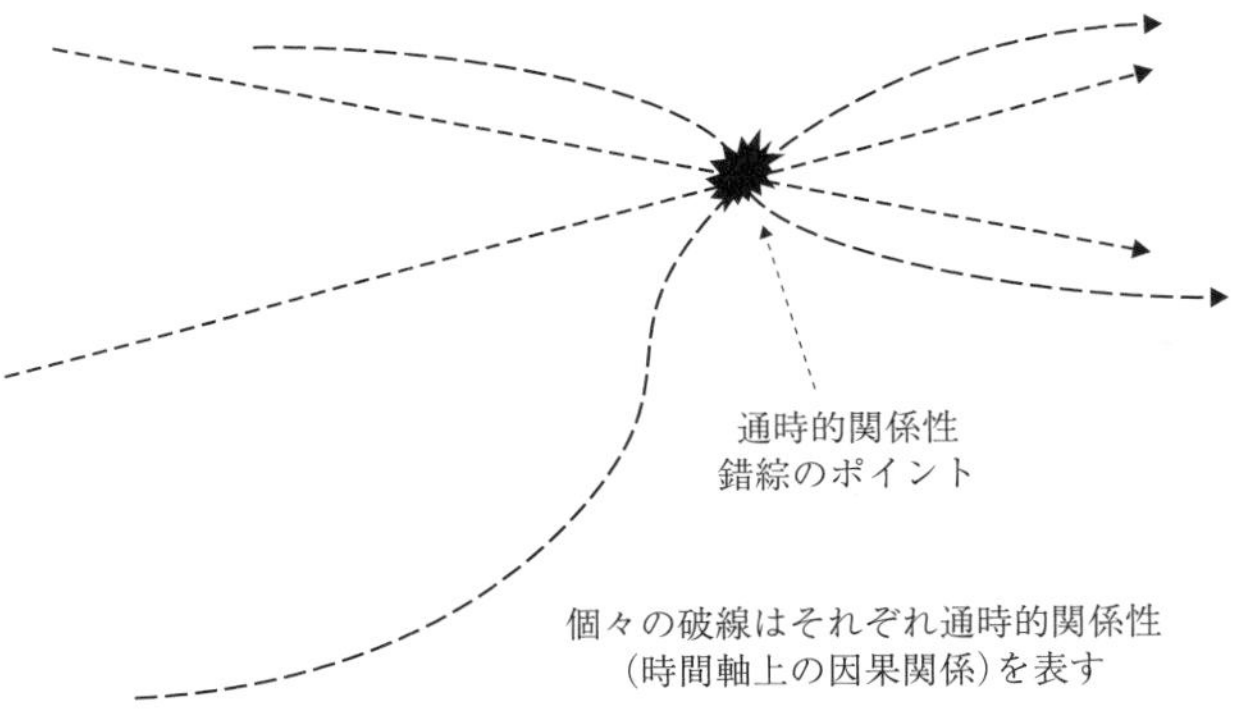

図 2-1　通時的関係性の視座における危機の因果的背景

このエイブラムズの卓見を援用し、具体的な手順をやや定式的にまとめると次のようになる。まず説明の対象としての何らかの「グローバルな危機」を出来事と捉える。その上で、その出来事において、それまで(比較的)独立的に展開してきていた複数の通時的関係性の束(水流)が状況依存的に錯綜したとの想定に基づき、具体的にどの通時的関係性がその出来事の状況依存的な生起に因果的に関係しているか(どの通時的な水流がその出来事において交錯したのか)を確定することを目指す。これは、出来事の時点から、錯綜した因果の束をほぐしながら、そこを起点に複数の方向へ向けて通時的な因果関係を逆算することで可能になると考えてよいであろう。

藁人形論法の陥穽に陥る危険をあえて冒すならば、この手法は政治学で使われる時間軸を加味した代表的な手法である「過程追跡法」(process tracing)と対照的な作業を提案したものであるとも考えうる。仮に過程追跡法が、説明の対象である事象から過去のどこかの時点に飛び、そこから説明する事象の時点まで時系列的に「因果効果が発現する過程」を追跡するものであるならば、その手法は採用している「過去から現在へ」という視座の方向性の理由により、単に手続き的にだけでなく、因果論的にも単線的な理解に陥る危険をはらんでいるといえる。それと対照的に、ここで提案している通時的な因果関係の逆算という手法は、「現在から過去へ」という視座を用いているといえる。その手法は、「危機」の時点で錯綜した複数の通時的関係性の因果的展開を、文脈性を踏まえながら逆向きにたどることにより、「出来事」時の錯綜の状況依存性をより強調することが可能になるというメリットを持つといえる。

さらに言えば、この通時的関係性の逆算という視座は、状況依存性の強調という観点において、ミシェル・フーコーの「現在性の存在論」に示唆を得て、社会人類学者のタラール・アサド(一九三二―)が展開する系譜学(genealogy)の視座とも重なる部分をもつ。アサドの説明では、彼の用いる系譜学の手法とは、「我々の現在から、より集まって我々に我々が持つ確信を与える結果となっている状況依存性へ、苦労して戻る手法」であるという(Asad 2003: 16)。それは、いわば、多くの実証主義者が確かなかたちであるとみなす眼前の「事実」の裏に、状況依存性の水流が隠れていることを暴くことを我々に求める視座であるといえる(4)。

この系譜学の視座との関わりを考えることは、本章が提起する通時的関係性の逆算という作業が何を目指しているかを明らかにする手掛かりをも与えてくれる。アサドの系譜学も、本章の通時的関係性の逆算も、いわば「変数視された原因」としての何らかの原点を、単線的に捜索する営みでは全くない。いずれの視座の場合も、暴く対象は、様々な関係性を内包し展開する文脈性(「水流」)そのものであり、文脈や関係性から引き離されて実体視された「原因」(「水源」)の特定ではない。その意味でも、本章で提起する通時的関係性の錯綜から「グローバルな危機」を分析するという視座は、広義の関係学的な社会学の二大流派の中では過程主義的な関係学に近く、社会的文脈と社会的時間の中での通時的関係の「叙述的」展開とその錯綜の動態を解明することを目指す点では、シカゴ学派社会学の流れをくむアボットの関係学と重なるところが少なくないものであるといえる(Cf. Abbott 1991: 228)。

最後に、通時的関係性に着目しながら「グローバルな危機」を解明する利点の一つを指摘したい。「危機」の背景にある複数の関係性(水流)を動態的に把握し、その錯綜状況を解明することは、その「危機」の行方を予期するに当たっても、有効な視点を提示すると思われる。もちろん関係性を内包した形で状況依存的に展開し続ける複数の文脈性自体の行方の予期が可能であると考えるのは夢想に近い。(5) ここで言及しているのは、錯綜状況から生まれた「危機」の(より短期的な)行方、すなわち、その関係学的背景を踏まえた「グローバルな危機」の含意(implications)についてである。新奇な、予想外の、あるいは思いがけない形で現れてきたと思われた「危機」に関し、その関係学的背景が解明できれば、その新奇性や思いがけなさも一定程度解消させることができる。短期的な行方の予期を含む含意の解明が、「危機」の背景となる関係性の解明の延長上において可能になる点も、本章で提起する通時的関係性に着目する「グローバル関係学」の視座の利点の一つであろう。

三　適用例——二〇一七年六月テヘラン襲撃事件で錯綜した通時的関係性

本節では、本章で提起する通時的関係性の状況依存的な錯綜という分析の視座の適用例として、二〇一七年六月にイランの首都テヘランで引き起こされた襲撃事件を手がかりとする「出来事」として用い、そこにおいて錯綜していると見なすことが分析上有意義であると考えられる重層的な通時的関係性(「水流」)の確定と、それらの簡略的な説明を試みる。

事件の概要は次のとおりである。二〇一七年六月七日(水曜日)午前一〇時半、テヘラン市内バハーレスターン広場にあるイラン・イスラーム共和国の国会議事堂に隣接する議員会館の通用門(来館者入り口)に、自動小銃で武装した三名の襲撃者が現れ、警備に当たっていた革命防衛隊員一名を射殺の上、銃を乱射しながら待合室に突入し、議員会館内に侵入した。一〇分後の一〇時四〇分頃、テヘラン市南部のベヘシュテ・ザフラー墓地の西側に位置し、イスラーム革命運動の指導者で一九七九年から一九八九年までイラン・イスラーム共和国の初代最高指導者(国家元首)を務めたルーホッラー・ホメイニー(一九〇二—一九八九)の廟(通称「イマーム・ホメイニー聖廟」)に自爆ベルトを体に巻きつけた襲撃者二名が現れ、警備隊とにらみ合うなか、一一時一三分頃、廟の外側で一名が自爆を行い、一一時二〇分までに残る一名は警備隊により射殺された。

一方、テヘラン中心部の国会周辺では、三名の襲撃犯はかけつけた治安部隊との銃撃の末、議員会館の四階に立てこもった。襲撃犯が自動小銃の銃弾を使い尽くし、ピストルに切り替えて乱射を続けていた午後一時半過ぎ、シリアのラッカに本拠地を置く「イスラーム国」が、自らの関連広報機関である深層《アアマーク》通信社を通じ、テヘランでの攻撃に関する犯行声明を発表した。続けて、議員会館に立てこもっている襲撃犯が自ら撮影した、部屋で執務中に射殺された議員秘書の遺体へ、イスラームの啓典の章句を解説する一節をアラビア語で叫びながら更に銃撃を加える一〇秒程度の映像(動画)を、深層《アアマーク》通信社がインターネット上で公開した。午後二時のイラン国営テレビのニュースでは、国会議員会館襲撃事件と「イスラーム国」の犯行声明についての報道がなされると同時に、市民に対し情報提供の呼びかけがなされた。午後二時一四分までには、駆けつけた革命防衛隊陸軍の特殊部隊が議員会館四階に突入し、襲撃犯三名全てを射殺した。国会とホメイニー廟双方合わせて、主に議員との面談のために議員会館を訪れていた一般市民と議員会館で働いていた職員等からなる一七名の犠牲者と四〇名以上の負傷者が出た。

このテヘランでの襲撃事件は、本章が提示する通時的関係性の錯綜から「危機」を分析する視座を用い、分析の手がかりとする「出来事」と見なすのに適した事例であるといえる。その出来事を入り口とし、そこにおいて状況依存的に錯綜した通時的関係性として、それぞれ固有の社会的現実の文脈(「水流」)を構築する複数の順系列的で過程的な繋がり(いわば、下手で一旦合流しまた分かれていく複数の水脈や、後に重要な形で錯綜する推理小説における異なるサブプロットのような、因果的に意味のある社会関係の流れ)を、いくつか見出すことができるからである。

表向きの水流（第一の水流）

事件の翌日、「イスラーム国」は深層通信社《アアマーク》を通じ、テヘランの事件の実行犯の一部と目される三名の覆面をした「戦士」と二名のインタビュアーが写っている動画を公開した。その中身は、五名の参加者がイスラーム国の「カリフ」とされるアブーバクル・アルバグダーディーへの忠誠《バイア》を誓うシーンに加え、首謀者風の一名の「戦士」がピストルを振りかざしながら、アラビア語での前置きの後、イラク北部とイラン西部で話されているソーラーニー方言のクルド語でテヘランのイラン国家への攻撃の動機について演説するものであった。「イスラーム国」は事件に先立つ二〇一七年三月末に、イラン国境に接するイラク東部のディヤーラー県における同組織の支部が制作したことをうかがわせるキャプションつきの、（タジキスタンやアフガニスタンなどイラン以外の国の訛りを含む）ペルシア語による宣伝ビデオを公開していた。その中でも、ペルシア語を話す「イスラーム国」のメンバーが、イランのスンナ派ムスリムに対し、テヘランの「ペルシア的多神教」国家に対し立ち上がることを呼びかけていた。したがって、表面的には、事件を起こした実行部隊は、三月の宣伝ビデオの呼びかけに呼応したイラン国内のスンナ派ムスリムが、実力行使を行ったかのようにも見受けられた。

それに対し、イラン国家側は、事件直後にアラヴィー情報大臣の国営テレビ番組への出演等を通じ、（一）実行犯がイラン国内、より具体的には、イラン西部のイラクとの国境地帯の出身のイラン国民であったことを認め、（二）それらの者と襲撃部隊の長《アミール》が事件前の数年の間、国境から不法に出国し、シリアのラッカやイラクのモースルにおいて「イスラーム国」組織に参加した後、事件前に国内に戻り短期間潜伏し、テヘランでの事件を引き起こしたこと、さらに（三）事件以来、それらの者の再入国や潜伏を手引きした関係者の摘発と逮捕が、イラクとの国境に位置するケルマーンシャー州で行われていることを発表した。その際、情報大臣の言説では、実行犯や背後関係者は「イラン国内の出身者」で「国境地帯で活動」し「「イスラーム国」組織に参加した「テロリスト」」としてのみ語られていた。しかし、テレビ番組の視聴者には、そこで言及されているケルマーンシャー州西部やそれと接するコルデスターン州がクルド系のイラン国民が多く住む地域であり、(イラン全体ではシーア派が多数派であるが)西部国境近くに住むクルド系国民の大部分がスンナ派ムスリムであることは周知の事実であった。したがって、同事件は、シーア派のイスラーム国家であるイラン・イスラーム共和国体制に対し、イラン出身とは言え、西部国境近くのスンナ派ムスリムが(イラクやシリアに拠点を置く)「イスラーム国」の「カリフ」の下へ参集し引き起こしたものであるとの印象を、強く示唆するものであった。

つまり、二〇一七年六月の事件およびその直後の時点では、首都テヘランに本拠地をもつ領域主権国家としてのイランと、既存のウェストファリア体制としての領域主権国家システムを前提とする国際社会に謀反を起こして、国境や国籍という既存の慣習を無視した形で一人の指導者を「カリフ」として成立した、ムスリムの間でも独特の信者共同体としての「イスラーム国《カリフ国家》」なるものが、何らかの理由で衝突をしている中で引き起こされた事件であるかのような印象を与える、行動ならびに言説が公共空間で認められた。実際のところ、イランは事件から一一日後に、「イスラーム国」の拠点であったシリア東部のユーフラテス川沿いのダイル・アッザウルに、報復と称して弾道ミサイル攻撃を行った。

しかしながら、領域主権国家であり、規模や国力の点で地域大国ともいえるイランと、国際社会の承認を得ていない単なる武装勢力の「イスラーム国」がほぼ同等に対峙しているという、社会的に構築された(一種の)「社会的事実」とは別に、同事件の実行犯とその共謀者とされる国境近辺の一部の地域住民をより詳細に検証すると、関係する地域(イラン西部国境沿いの地域)の社会的な空間と時間により密着した別の重要な水流が見えてくる。

底流としてのイラン国内におけるクルド系イスラーム運動急進化の水流

一九七九年にイランのイスラーム革命が成立し、シーア派イスラームの宗教指導者の一人であったホメイニーを国家元首とするイスラーム共和国が成立した直後に、イラクとの国境付近に居住するスンナ派ムスリムのイラン国民の一部にも、イスラーム革命とイスラーム共和国の樹立を支持する者も少なからず見受けられた。しかし、ホメイニーらのシーア派宗教指導者は、それらのスンナ派ムスリムの要求を退け、シーア派色の強いイスラーム共和国憲法を制定し、西部国境地域のスンナ派のイスラーム運動を弾圧する措置に出た。その結果、一九八〇年代の半ば以降、当初穏健的であったイラン国内のスンナ派イスラーム運動の中から、国外(とりわけパキスタン・アフガニスタン国境付近)で対ソ連「ジハード」等に従事していたムスリム武装勢力との関係を深める者たちが出てきた。

それに加え、イラン革命から一年半後の一九八〇年秋にイラクの侵攻でイラン・イラク戦争が始まると、イランは北イラクのクルディスタンから逃れてきたイラクのクルド人のイスラーム運動を、国境のイラン側で庇護する政策をとり始めた。イラン・イラク戦争が正念場を迎えた一九八七年春にイラン側が北部戦線において、イラク・クルディスタンの民族主義政党の民兵をイランの革命防衛隊と一体化させ、イラク側へ攻勢を仕掛けると、イラクのバアス党国家は北イラクのクルディスタン地域で化学兵器の使用を含む掃討作戦で応じ、イラク・クルディスタンから多数の避難民がイラン側に押し寄せることになった。これがたまたまアフガニスタンにおける対ソ連「ジハード」の終結と重なり、化学兵器の使用でイラク・クルディスタンに帰還できないアフガニスタンからの元「聖戦士《ムジャーヒディーン》」も、イラン西部の国境地帯に押し寄せることになった。

その後、一九九一年の湾岸戦争後に北イラクのクルディスタンが自治領となると、一九九〇年代末までにアフガニスタンに身を寄せていたオサーマ・ビンラーデンやアイマン・アルザワーヒリーなどのいわゆる「アルカーイダ」グループの下で軍事訓練を受けたイラク・クルディスタン出身の急進派ムスリムらが帰還してきた。彼らは、二〇〇一年秋までには、ビンラーデンからの資金援助を基に、イランとの国境に近い北イラク・クルディスタンの山岳において、アフガニスタンにおけるターリバーン支配地域をモデルとする「ビヤーラ・イスラーム国」を樹立させていた。次いで、二〇〇三年春にアメリカがイラクに侵攻した際に、この「ビヤーラ・イスラーム国」をも空爆したため、その残党(「アンサール・アルイスラーム」)がイラン側に多数押し寄せることになった。この襲来の社会的な衝撃は多大なものがあり、一九七〇年代以降の時期において最も急進的なイスラーム主義運動が、イラン西部のスンナ派ムスリム地域において地域の若者等に広まる最大の契機となった。

その後、アメリカによるイラク占領が始まると、イラン側に一旦退避していたこれらの急進的イスラーム運動体のメンバーがイラク国内で対米軍「ジハード」を行うようになり、その一部が「メソポタミアにおけるアルカーイダ」を立ち上げた。さらにその後、その残党が「イラクにおけるイスラーム国」を経て、シリアにも勢力を拡大し二〇一三年に「イスラーム国」を樹立すると、イラン西部の急進化したスンナ派ムスリムの若者の間から、シリアに渡航し「イスラーム国」に参加する者が現れ始めた。それらの若者たちの間から、二〇一七年六月のテヘラン襲撃事件の実行犯の一部が構成されていた。

異なる水流の「錯綜」状況――結びに代えて

本章では割愛せざるを得ないが、イラクを含む西アジア・北アフリカ地域における近代以降のイスラーム運動に関しては、さらに影響が広範に亘る複数の大きな水流が、上述の通時的関係性の過程と密接に絡み合ってきていた。一九二〇年代末にエジプトで勃興したムスリム同胞団運動はその一つであるが、その一部は一九四〇年代にエジプトからバグダードに伝播し、一九六〇年代前半までにバグダードから北イラクのクルディスタンに伝播し、そこから一九七〇年代末に国境のイラン側のクルド系スンナ派住民へ伝播していた。さらにムスリム同胞団運動とは違う流れとして一九六〇年代以降エジプトを初めとするアラブ諸国で台頭してきた急進派サラフィー主義の一大潮流も、上述のイラン西部とイラク・クルディスタンでのイスラーム運動の急進化という通時的関係性(水流)へ、文脈的な影響を与える一方で、いわゆる「アルカーイダ」関係者らを通し、節目節目において細かく交錯していた。

最後に、これらとは動態的過程を全く異にする大きな水流として、イラン西部のクルド系住民と首都テヘランのイラン国家との間の通時的関係性が存在する。二〇世紀初頭の立憲革命後に近代国家の建設に向けた政治制度的な歩みを始めたテヘランを首都とするイラン国家が、ペルシア語・ペルシア人を中核に据えたイラン・ナショナリズムに基づく国民国家建設を進める過程において、イラン西部の非ペルシア系のクルド系国民の多くとイラン国家の間には、相互に敵対的な通時的関係性が一世紀以上に亘り、紆余曲折を経ながら流れ続けている。クルド・ナショナリズムとは表面的に様相を異にする「主体」が引き起こした事件であっても、(主体中心主義的な視座を離れ)通時的関係性の視座から眺めると、テヘランの国会をイラン西部のクルド系住民からなる襲撃部隊が攻撃する時に、その水流との相互因果関係や交互作用効果を見ずに済ますことはできない。

注

(1) 関係学的な社会学における、構造主義的な関係学と過程主義的な関係学の区分については、Vandenberghe (2018)を参照のこと。

(2) ここで言う「因果的に重要な関係的変化」という概念は、ティリーの「因果のメカニズム」(causal mechanism)という概念と一見似ている。ティリーは、関係性を同じ形で変える堅牢かつ繰り返し起こる出来事を因果のメカニズムと呼んだ(例えば Tilly 2005: 28)。つまり、ティリーのメカニズムは、社会的文脈とは独立的に働く(つまり、より普遍的な)分析のレベルで概念化されていた。その一方で、本章でいう「因果的に重要な関係的変化」は周りの文脈的要素との相互因果関係や交互作用効果をより強く想定した概念である。言い換えると、ティリーのメカニズムはより物質主義に近いリアリズム色が強く、本章の因果的に重要な関係的変化はより創発主義的である。社会的文脈性の重視と創発主義(構築主義)は、上述のとおり、シカゴ学派社会学の特徴であった。

（3） スカッチポルはこの複数の通時的関係性の動態的錯綜を conjuncture（298n44）あるいは conjunctural, unfolding interaction（320n16）と表現していた。エイブラムズは，同様の錯綜を conjunction という言葉で表現していた（Abrams 1982：224-225）。

（4） もちろんアサドの系譜学の趣旨は，現在の秩序の裏の状況依存性を指摘することに留まらず，権力がいかにそれを秩序化させているかを問うところにある。Scott（2006）を参照のこと。

（5） この点については，社会科学の理論に精通した社会史家として名高いウイリアム・スウウォルの「出来事は歴史を再編し，社会的展開に予期せぬ方向性を与え，社会的相互行為が生起する因果的繫がりの性格を変容させる」との言葉が示唆的である（Sewell 2005：227）。

参考文献

Abbott, Andrew（1991）"History and Sociology: The Lost Synthesis," *Social Science History*, 15(2).

Abbott, Andrew（1992）"An Old Institutionalist Reads the New Institutionalism," *Contemporary Sociology*, 21(6).

Abbott, Andrew（1999）"The Continuing Relevance of the Chicago School," in *Department & Discipline: Chicago Sociology at One Hundred*, University of Chicago Press.（松本康・任雪飛訳『社会学科と社会学――シカゴ社会学百年の真相』ハーベスト社，二〇一一年）

Abbott, Andrew（2001）*Time Matters: On Theory and Method*, University of Chicago Press.

Abbott, Andrew（2016）*Processual Sociology*, University of Chicago Press.

Abrams, Philip（1980）"History, Sociology, Historical Sociology," *Past and Present*, 87.

Abrams, Philip（1982）*Historical Sociology*, Cornell University Press.

Asad, Talal（2003）*Formations of the Secular: Christianity, Islam, Modernity*, Stanford University Press.（中村圭志訳『世俗の形成――キリスト教，イスラム，近代』みすず書房，二〇〇六年）

Emirbayer, Mustafa (1997) "Manifesto for a Relational Sociology," *American Journal of Sociology*, 103(2).

Griffin, Larry J. (1993) "Narrative, Event-Structure Analysis, and Causal Interpretation in Historical Sociology," *American Journal of Sociology*, 98(5).

Gross, Neil (2010) "Charles Tilly and American Pragmatism," *The American Sociologist*, 41(4).

Krinsky, John, and Ann Mische (2013) "Formations and Formalisms: Charles Tilly and the Paradox of the Actor," *Annual Review of Sociology*, 39.

Lakatos, Imre (1978) *The Methodology of Scientific Research Programmes*, ed. John Worrall and Gregory Currie, Cambridge University Press.（村上陽一郎・井山弘幸・小林傳司・横山輝雄共訳『方法の擁護——科学的研究プログラムの方法論』新曜社、一九八六年）

Pierson, Paul (2004) *Politics in Time: History, Institutions, and Social Analysis*, Princeton University Press.（粕谷祐子監訳『ポリティクス・イン・タイム——歴史・制度・社会分析』勁草書房、二〇一〇年）

Scott, David (2006) "The Tragic Sensibility of Talal Asad," in David Scott and Charles Hirschkind eds., *Powers of the Secular Modern: Talal Asad and His Interlocutors*, Stanford University Press.

Sewell, William H., Jr. (2005) *Logics of History: Social Theory and Social Transformation*, University of Chicago Press.

Skocpol, Theda (1979) *States and Social Revolutions: A Comparative Analysis of France, Russia, and China*, Cambridge University Press.

Tilly, Charles (1964) *The Vendée: A Sociological Analysis of the Counterrevolution of 1793*, Harvard University Press.

Tilly, Charles (1994) "History and Sociological Imagining," *Tocqueville Review*, 15(1).

Tilly, Charles (2002) *Stories, Identities, and Political Change*, Rowman & Littlefield.

Tilly, Charles (2005) *Identities, Boundaries, and Social Ties*, Paradigm Publishers.

Tilly, Charles (2006) *Regimes and Repertoires*, University of Chicago Press.

Tilly, Charles (2008) *Contentious Performances*, Cambridge University Press.

Urry, John (2003) *Global Complexity*, Polity.(吉原直樹監訳、伊藤嘉高・板倉有紀訳『グローバルな複雑性』法政大学出版局、二〇一四年)

Vandenberghe, Frédéric (2018) "The Relation as Magical Operator: Overcoming the Divide between Relational and Processual Sociology," in François Dépelteau ed., *The Palgrave Handbook of Relational Sociology*, Palgrave Macmillan.

第3章　国際関係におけるポスト・ポジティビズムおよび仏教と関係性の問題

清水耕介

はじめに

非欧米型国際関係理論は現在の国際関係論(International relations, 以下ＩＲと略)における焦点の一つであるように思われる。関係性は重要な概念であり、東アジア国際関係の文脈で、その議論を支持するにせよ、批判するにせよ、頻繁に取り上げられている(Kavalski 2018; Qin 2018; 酒井 本書第一章)。その中でも代表的なチン・ヤチン(Qin Yaqing)の関係性の理論は主として儒教に依存しており、孔子の論語が彼の関係性理論のコアを成すものであると考えられる。孔子の関係性理論は、特定のスタイルの関係性にのみ焦点を当てており、この概念の他の考えられる理解を無視している。たとえば、仏教は関係の時間的側面を含む関係のよりラディカルなバージョンを提示する。チンの儒教的解釈とは異なり、仏教の関係性は文脈に「埋め込まれた」ものではない。

この対比は、ＩＲにおけるいわゆる「第三の論争」(the Third Debate)と繋がっている[(1)]。そこではポジティビズム(positivism，実証主義)とポスト・ポジティビズム(post-positivism，ポスト実証主義)とが認識論的な論争を繰り広げ、それは世界がどの程度構築されるのかという点にまで及んだ。現代の関係性についての視点は、主としてポジティビズム的なものであると言えるが、そこで圧倒的に欠落しているのはポスト・ポジティビズム的な視点である。

現代のＩＲにおいて圧倒的に優位な立場に立つ儒教的な関係性は、関係性の特定の形が文脈に「埋め込まれ」ており、実際の相互作用の前に関係性によって定められた役割を各アクターが理解し演じることが期待される。[2] その意味で、この視点はポジティビズム的であり、各アクターが演じる役割やその関係性についての認識論(エピステモロジー)・存在論(オントロジー)的な検証はなされていない。ここでの役割や関係性(つまり社会的なヒエラルキー)は所与であり、このタイプの関係性はヒエラルキーに則った儀式の形をとることから、その儀式の決まりに従うことが道徳的な行為であると見做される。

他方、仏教的関係概念である縁起的関係性では、関係性は所与ではなく刻々と生起すると考えられている。そしてこの新たに生まれた関係性によって主体が構築される。それはつかみどころのないものであり、その意味でポスト・ポジティビズム的であると言える。

儒教と仏教の関係性についてのこの違いは、微妙に見えるかもしれない。しかし、東洋思想をＩＲに導入するという目的に焦点を合わせると、それは非常に大きなものとなる。儒教的ＩＲ理論が主としてポジティビズム的に世界政治の主要国とその秩序に焦点を当てるのに対して、仏教的ＩＲ理論は、ポスト・ポジティビズム的な視点から、日常レベルでの苦しみからの人々の解放という政治的実践に注目する。この章では、関係性それ自体とそのアクターの主体性(subjectivity)構築との関係についての理解の違いを明らかにするために、二つのケース・スタディを導入する。

本章では、まずポジティビズム的な議論としての儒教的ＩＲ、特にその関係性と役割概念について簡単に紹介し、続いてよりポスト・ポジティビズム的な柔軟性を持ち予測が難しいとされる仏教の縁起概念を紹介する。第三に、沖縄の基地問題とデンマークの「ライト・インザ・ダークネス(Light in the Darkness)」という逸話を取り上げ、儒教的ＩＲと仏教的ＩＲにおける関係性の違いを説明する。

一　儒教的ＩＲと関係性

儒教的ＩＲの言説は主として著名な中国の学者ヤン・シュトン(Yan Xuetong)、チン・ヤチン(Qin Yaqing)とジャオ・ティンヤン(Zhao Tingyang)によって展開されている。彼らの言説は、多かれ少なかれ、孔子の論述や孟子を含む儒教の標準的なテキストを採用している。儒教的ＩＲの興味深い点の一つは、英国学派の三つのパラダイムとの類似性である。これは、英国学派が特定の国に拠点を置く学者で構成されており、ある意味イギリスという国家概念と密接に関連しているということ、中国からの国際関係理論の展開が大国としての国家を表象するという政府の方針もあり、中国学派の確立を目標としていたことが関係している。実際、中国学派の展開は、英国学派の三R、すなわちリアリズム(Realism)、合理主義(Rationalism)、および革命主義(Revolutionalism)とかなり近似的な方向性を見せている。たとえば、ヤンは、リアリズムと儒教思想の類似点を示すことで、人道的権威の概念とマキャベリのテキストを繋ぐ(Yan 2011：173)。同様にチンの関係性についての理論は、英国学派の合理主義といわゆる構成主義(Constructivism)の機能に特に焦点を当てた国際的な規範やルールに注目する(Qin 2018)。一方、ジャオの天下理論(Tianxia Theory)は、それが全体論的な視点に基づいているという点で、革命主義と多くの点を共有している(Zhao 2012)。また、英国学派が明らかにポジティビズム的な方向性を持っていたように、中国学派もまたポジティビズム的である。

儒教的国際関係論の展開

では中国学派において、儒教はどのような形でＩＲに適用されているのであろうか。ヤンは、「古代中国思想、現代中国権力(*Ancient Chinese Thought, Modern Chinese Power*)」というタイトルの著作で、現代のＩＲのリアリズムは古代中国の儒教思想に双子の兄弟を見出すと主張する(Yan 2011)。ヤンは、古代中国の思想にも現代のリアリズムとほぼ同じ主張が存在することを指摘する。そしてそれらの多くは儒教のテキストにあると言う(Yan 2011)。その中でヤンは、自己中心的な人間の本能は過去数千年変わらないことを指摘する。彼にとって、春秋戦国時代と近代的なＩＲには類似性があるのである。

ヤンの議論は、リアリズムの拡張として、その理論的範囲を覇権的安定理論まで拡大する。しかし、彼の覇権安定論のバージョンは、現代のものとは若干異なる。覇権のリーダーシップは主として強制力に基づいていると考えるＩＲの現代の覇権安定理論とは異なり、ヤンは二つのスタイルのリーダーシップ、覇(Ba)と王(Wang)を区別する。覇は力による統治であり、王は美徳と倫理による統治を意味する。そしてそこでは、支配者への心理的服従がガバナンスの鍵であると述べる(Yan 2011)。その意味では、儒教に基づくヤンのリアリズムは、リアリズム的覇権論とグラムシ的覇権論の中国版折衷案として理解することができ、支配の重要な側面である同意をもって、現代的なリアリズムの覇権安定論に対抗する(Yan 2011)。

チンの議論では、国際関係における関係性と儒教的関係性論の違いに焦点を当てる。西洋的IRの自律的で独立した主体像とは異なり、外交は根底にある関係性によって決定されると主張する。これは国家と国際的な規範とが相互に構築されると仮定するウェント(Alexander Wendt)的構築主義のようなアクターとアイデアとの関係性ではなく、アクター同士の関係が重要となる中国文化における関係性を意味し、それは東アジアの外交を理解するにあたって相当な意味を持つことを主張している(Qin 2011)。IRは、関係性の概念を導入した最初の学術分野ではない。このモデルは、他の分野、特に典型的な東アジアのビジネスモデルとしての経営管理ですでに導入されている(Langenberg 2007; Luo 1997)。しかし、IRは最近まで関係性の概念に光を当てることがなかったことをチンは指摘する(Qin 2011)。その意味で彼の議論の根底には関係性を重視する中国文化があり、そこではウェストファリア・システム――アクターは利益最大化を目標とすると想定されている――と異なり、アクター間の長期的に健全な関係の維持が双方に多くの利益をもたらすとする考えが中心を成す(Qin 2011)。チンが持つもう一つの重要な前提は、IRにおける文明間の対話の前提となる文化的多元主義であり、彼はこれを強力に促進する。彼は、文化的多元主義が既存のIR理論を強化し、充実させると想定しているのである(Qin 2016: 208)。

ジャオによって展開されている天下論は、その名の示すようにまさに天という概念が鍵となる。天の概念は中国の歴史で広く受け入れられており、天下はその下、すなわち世界を意味する。私たちは、伝統的な儒教の文献以外にも、道教などで同様の概念を見ることができる。天下は、文字通り天の下を意味するが、同時により大きな「全体」を意味する。皇帝は彼／彼女自身の美徳を蓄積することによって天と合一する。逆に、皇帝が天に見捨てられた場合、彼／彼女は彼／彼女の統治の正統性を失う（出口二〇一八：Zhao 2012）。いわゆる易姓革命である。天は同時に調和を表し、そして調和の概念がより安定した世界秩序に資するとジャオは主張する。これは極端な進歩的ダイナミズムを示すウェストファリア体制とは大きく異なる（Zhao 2012）。ウィリアム・キャラハンは、この世界観が容易に現在のウェストファリア・システムに取って代わるというものではないと主張した。しかし、同時に、この理論の影響は現在の規範の提供者であるアメリカの正統性を弱体化することは間違いないという（Callahan 2013）。

これらの中国学派の言説はすべて儒教思想に大きな影響を受けている。しかし、これらの議論の中でもチンの関係性理論は、現在のＩＲに最も大きな影響力を持っているように見え、実際今後の文明間対話を促進するものとして広く理解されている。これには、彼の著作が対立的ではなく、主流のＩＲと協力的であるように見えることが大きく影響している。

儒教的国際関係論の問題点

しかし、この理解には問題がある。すなわち、その主体性が対話の前にすでに措定されているという点である。そこでの主体は確立された文化と国民国家であるとチンは議論する。つまり、対話に参加できるのは、すでに確立し、一定の認知度のあるアクターに限られるのである。逆に言えば、既存のＩＲの枠組みに存在しているアクターであり、それは実際には大国を意味するのである。同様の議論は、ウェストファリア・システムの国民国家モデルを無批判に取り入れたオルタナティブ（代替案）の例に見ることができる。京都学派の第二世代によって展開された「世界史の哲学」はその典型的な例である。[3] 京都学派第二世代は、非欧米の哲学を標榜しながら、ウェストファリアの主体についての仮定を彼ら自身が展開した非欧米的存在論に移植した。しかし、実際に彼らが展開したのは文明間の対話ではなく、大国間の激しいつばぜり合いを前提とした西洋との対立の正当化であった（Shimizu 2018）。

儒教に基づいた非欧米型国際関係理論はすべて、主流派ＩＲの一般的な国民国家モデルの枠組みを採用しており、その意味でポジティビズムの流れを踏襲している。そのためそれらは、国家主権を中心としたウェストファリア体制を採用することの妥当性についてはほとんど疑問視していない。これは、儒教が本質的に秩序論であり、往々にして支配者のための理論となっていることも関係しているだろう。もちろん、ここでの支配者とは政府や権威に関与する人々を意味する。その結果、儒教に基づいた理論は必然的に政治家や外交官の立場を前提とする。

これがまさにポスト西洋主義者と呼ばれるジェンダーやポスト・コロニアリズムに関与する人々が儒教的ＩＲにあまり関心を示さない理由であり（Blanchard and Lin 2016; Ling 2013; Shani 2008; Shimizu 2018）、もし興味を示したとしても、批判的な方法でのみ関与する理由である（Chen 2011; Shih and Ikeda 2016)。彼／彼女らは、ポスト・ポジティビズム的にウェストファリアＩＲ理論を批判的に捉え、ポスト・コロニアリズムや道教を含むさまざまな可能性のあるソースを見つけようとしている(Krishna 2017 : Ling 2013)。

儒教に埋め込まれた関係性

儒教に見られる関係性の埋め込みは、一般論としてはアクターそれぞれの役割が社会的文脈の中に埋め込まれているという形をとるが、ＩＲにおいては国民国家が主権維持と政治経済的利益の最大化を目指すアクターとなるという形をとる。儒教的ＩＲの関係性は外交という形で国際的な領域に組み込まれ、固定されているため、その主体は定義により国民国家でなければならない。アクターの役割を定義するのはこの埋め込まれた関係性である。二国間の関係が軍事力に基づいている場合、それらは大国・小国と呼ばれ、関係が政治経済的地位または文明に基づいている場合、それらは経済大国または文明国と呼ばれ、また後進国または途上国と呼ばれる。

この役割は、関係性が維持されることによって、アクターの主体性を構築する。つまり、それぞれの国民国家は与えられた役割を果たすだけでなく、一定の関係性に基づく相互作用、具体的には外交交渉や外交儀礼などが継続的に繰り返されることによって、その役割自身をアクターの主体性、すなわちアイデンティティとして受け入れるようになるのである。これはジェンダーの分野でジュディス・バトラーが指摘したパフォーマティビティ(Performativity)と呼ばれるものである。そこでバトラーは、ジェンダーは役割であるが、そのジェンダーを演ずることを通してその演者自身のアイデンテイティが役割と同一化していくという側面を指摘した（Butler 1990）。

このように儒教的なＩＲの関係性は、それがアクターの役割を決定するものであると仮定する。この理解は、既存のＩＲ理論におけるアクターを再定義し、新しい理論的発展をもたらした。しかし、この理解における関係性は文脈に埋め込まれ、固定されているため、世界情勢の動的な変化を説明するには不十分である。そこに現代におけるオルタナティブなＩＲ理論の可能性が生まれる。

二　仏教的国際関係論と関係性

大乗仏教はそのような可能性の一つであり、固定された主体性とその維持・保全に向かう欲望に批判的であり、かつ言語との関係について非常に興味深い洞察を提供する。その意味で、ポスト・ポジティビズム的なＩＲ理論のさらなる発展のための可能な理論的コアを提供する（南二〇一八、末木二〇一九）。仏教的ＩＲの理論的可能性を考察する前に、まずは仏教的関係性についての大まかな理解が重要である。ここでは仏教のＩＲに対する貢献に重要となる、主体性がどのように関係性を通して構築されると考えられるのか、そして主体性の構築がどのように時間性に関係するのか、という点から説明を始めることにしよう。

仏教における主体構築

仏教の第一の目的は、人々をさまざまな苦しみから解放することにある。仏教には上座部と大乗の二つの明確な伝統があるが、どちらも人間の解放のために世界の真理を明らかにすることを目的とするという意味では差異はない。解放されるべき主体は、上座部仏教においては僧侶であり、僧侶は世俗的な世界から離れ、厳しい修行を経て自分自身を苦しみから解放することができるとされる。他方、大乗仏教は一般的な人々を苦しみから解放することを目指す。大乗仏教は、その意味で最初から社会的・政治的なものと言える。地理的に言えば、上座部仏教は東南アジアでより普及しており、大乗仏教は主として東アジアに見られる。現代における大乗仏教は特に多く日本で見られ、国内では現在でも大きな勢力を維持している。事実、日本に見られる仏教は、禅仏教も含みすべて大乗仏教の宗派である(末木二〇一四)。

本章での著者の焦点は、大乗仏教で発展した無常の概念およびそれに深く関連する縁起思想にある。大乗仏教では、主体は他者との関係からのみ現れる。仏教の関係性は、埋め込まれ固定された関係性を前提とする儒教的関係性とは異なり、非永続性・非連続性が前提とされる。なぜなら関係性は常に生起するものであり、同時に消え行くものであるとされるからである。

たとえば、目の前の机は、論文を書く時には机となるが、そうでない時は机とは言えない。私がこの机の上で論文執筆のためにコンピュータのキーを打ち始めた、まさにその瞬間に机は机に「成る」。この机と私の関係は、私が論文を執筆するという行為によって媒介されるものであり、まさにこれが関係性(すなわち縁起)であり、この関係性の生起によって著者(私)と机とが生み出されるのである。つまり論文を書くという行為なしでは、私は著者ではなく、机は机とは言えない。換言すれば、そこには元々主体も客体もなく、行為が生起することによってさまざまなものが次々と構築される。つまり、この行為が行為となった時に一気に主体と客体が確定されるのである。

このように、縁起的関係性は関係の自発性を前提としており、この関係の自発性によって、関係性だけでなく主体と客体が生成される。論文の執筆以外でも、電球を交換するために机の上に立つと机は台となり、お茶の入ったカップを置くとテーブルとなる。電球を替えるという行為が私という主体を生み出し、その時同時に机が台となる。お茶の入ったカップを机上に置くという行為が机をコーヒー・テーブルとする。目の前にあるこの家具が机、台、またはコーヒー・テーブルであるかどうかは、それにまつわる行動がどのように主体と客体とを媒介するかによって決定されるのである。

反対に、儒教的な関係性は机の機能を前提としている。それは机として、すでに文脈に埋め込まれ、固定されている。それは勉強や研究をするために使用されるべきものである。逆に言えば、机を机として使用しないことは、非道徳的な行為となる。その上に乗ったり、そこにお茶の入ったカップを置きながらくつろぐことは許されない。机は机として使用されるものであり、それ以外の目的に使用されてはならないのだ。つまり、私と机との関係性は、私と机との具体的な出会いの前にすでに決められている、すなわち文脈に「埋め込まれて」いるのである。このように、儒教的関係性と仏教的関係性の違いは、社会的文脈に関係がどの程度「埋め込まれている」のか、というところにある。一般的に、儒教の影響の強い東アジアで自己に言及する方法(自称の仕方)は、語る側と語られる側の関係性に完全に依存すると考えられている。儒教の関係性は、年齢、ジェンダー、社会的な階層という形でそれぞれの文脈に「埋め込まれて」おり、それによって「私」、「オレ」、「ウチ」、「僕」などさまざまな言葉が使い分けられている。

儒教が関係性は既存の階層に従って与えられていると仮定するのに対して、仏教は所与の関係性それ自体を持たない。仏教においては、関係性は自発的なものであり、前もって成立するものではない。儒教とは異なり、大乗仏教における関係性の絶えず変化する性質は、宗派や組織に関係なく最も重要な推定であり、これは無常と呼ばれる。多様な仏教宗派や無数に存在するさまざまな経典にもかかわらず、無常は一般に「大乗仏教のすべての問いの本当の始まり」として認識されている（三木一九六八：四二七）。無常の世界では、永遠に変化し続ける世界で苦しみから解放されるために、自分を失う、すなわち無となることが生きることとの究極の目的とされる。自分を失うことは、自分のエゴを失うことを意味し、欲望の連鎖から自分自身を解放する。常に変化する世界において、日常生活での恐怖、不安、痛み、およびその他の困難はすべて欲望から生じているとされ、自分自身を失うことは、この欲望の状態を超越するための唯一の手段とされる（南二〇一八）。この存在論的観点では、真の自己が無であることを認識することが肝要となる。

たとえば、禅仏教における座禅や公案は、この心の状態を達成することを意図しており、真理と倫理に対するこの実践指向のアプローチは、仏教の中核的要素と考えられてきた（Huang 2001：Ling 2019）。最近流行しているマインドフルネスやヨガも同様であり、一般に理解されているようなストレスからの解放ではなく、本来的にはいかにして真理、すなわち無常を体得できるのか、そしてそれに合わせて自分自身を無にできるのか、という点が重要とされる。ここでも真理と倫理は不可分であるとされ、真理の体得が同時に倫理的な徳の体得を意味する。真理と倫理は二項対立ではなく、仏教の考え方を採用する場合は同じコインの異なる側面なのである。このように、仏教の教えで自分自身を失うことは、真理を見つけることと倫理的な心の超越状態を達成することの両方を保証する。

仏教、言語、ポスト・ポジティビズム

このように無となった主体が、通常の意味での主体となる契機は言葉にある。この仏教の言葉についての考え方がポスト・ポジティビズムと最も強く繋がる部分であるといえる。仏教の理解における言語は、この無に明確な境界を与えることによって主体性を確立するものとされる。そして、この言語によって「私」は自分自身を他人から区別できるようになると理解される（南二〇〇一）。「私」という言葉で示される主体性は、「私」と「あなた」が「私たち」のカテゴリーの下では同じであるのに対し、「私たち」を離れたとき、すなわち「私」が「あなた」に直面した時、「私」はもはや「あなた」ではないことを意味する。このようにして、言語は明確な境界を設定し、一方と他方を区別する。自分自身を指す特定の単語を保持している限り、主体性は安定する。この安定した主体性は、過去と未来を熟考するための前提条件であり、したがって直線的進行性の時性を表象する。言い換えれば、「我々が出生したとき、直面する世界は「世界」ではない。世界が「世界」になるのは、言葉による秩序立ての後である」。（南二〇〇一）

仏教と関係性

この理解をＩＲに適用すると、この分野のアクターも相対化されなければならないことが明確になる。たとえば、「超大国」は、力の弱い国が存在する場合にのみ可能になる。ミドル・パワーや小国

が存在しない場合、超大国という言葉は無意味になる。同様に、国際社会の法を遵守する「正常な」国が存在するには、他の「不正」または「異常」な国が必要となる。文明国クラブが存在するためには、非文明国が必要であり、自由主義国家は、自らを自由主義と呼ぶために専制国家を必要とする。しかし、これらの関係性が永遠に存在すると見なすのは、仏教では許されない。あらゆる主体は、関係性の中でのみ存在可能であり、その関係性は固定化されていないことが前提とされるのである。仏教の関係性では、関係性は自発的であり、既存のものでも与えられたものでもない。仏教では、関係性は決して予測可能または制御可能ではなく、固定されておらず常に変化するものである。ある主体性が関係性によって、特定のアイデンティティを割り当てられている場合で、尚且つ文脈に埋め込まれているように見える場合でも、長く続く関係性などないだろうし、必ず新しい関係性によって置き換えられるのである。この世界の見方は、平家物語の冒頭部分で最もよく例証されている。

祇園精舎の鐘の声、諸行無常の響あり。娑羅双樹の花の色、盛者必衰の理をあらはす。おごれる人も久しからず、唯春の夜の夢のごとし。たけき者も遂にはほろびぬ、偏に風の前の塵に同じ。

（杉本二〇一七）

平家の盛衰を描いた平家物語であるが、この冒頭は非永続性という仏教の教えの最高の表現の一つと言われる。

国民国家は、言語を通して構築され維持され本質化される。ＩＲの主体は、埋め込まれた関係性の中の他者との比較を媒介として主体性を獲得する。そこではしばしば時間を通した区別を援用する。すなわち、これまでの主流派のＩＲにおいては、「先進国」／「後進国」、「文明国」／「低開発国」、「自由主義」／「専制政治」など、前者が後者よりも先に進んでいるという観念を用いた直線的な時間概念(時性)が採用されることによって、自己(とその優位性)が構築されるのである。儒教的な円環的な時性の場合、関係性は所与のヒエラルキーに埋め込まれていると考えられ、各アクターはそのヒエラルキーの中の特定の役割を実行することが期待される。このヒエラルキーは上下関係によって特徴づけられ、上位のアクターはその役割と下位のアクターの役割との差異によって主体性を構築する。そこでの前提は、時間は円環的に推移しており、未来は過去の繰り返しとして措定されることから、経験を積んだ年長者はより高い徳を体現するものと仮定されている。この理屈から年功序列のシステムが導かれ、より長く存在している主体が優位性を持つこととなる。このように、直線的であれ円環的であれ、継続性を前提とした儒教的時性は何らかの形で優位／劣位という関係を生み出すこととなる。

仏教と時間

仏教における時性は継続性を前提とする直線的・円環的な時性と異なり、非連続性が前提となる。そこでの焦点は未来や過去ではなく、現在すなわち「今」にある。すべてはこの「今」を起点にして考えられ、通常考えられる過去や未来は「現在における過去」、「現在における未来」という形をとる。そのため、現在の変化は直接的に過去や未来の変化として現れる。現在の状況が変われば、過去や未来の意味が変わってくるのである。同時にこの「今」は予測不可能性に対して常に開かれ、ここに突発的・自発的な関係性の出現を前提とした縁起思想が成り立つ。そこでは現在の不確定性によって過去や未来の不確定性が導出され、同時に主体もさまざまな出来事と同時にその都度構築されることとなる。つまり時間はまさに西田哲学の言う「非連続の連続」となる(西田一九五七)。

この主体の不確定性は、仏教的倫理へとつながる。すなわち、主体が存在していない事、つまり「無」である事を受け入れることが仏教的倫理の第一歩であり、同時に究極的な到達地点である。この主体の無性は無常の世界観から必然的に導かれるものであり、この無性を受け入れられないという事が、苦しみへ繋がるとされる。私たちは往々にして手に入れたものを保持しようとする。それは社会的地位であったり、経済的資産であったり、学歴であったりするであろう。しかし、それにこだわり、それを維持しようとするところに苦しみが生み出される。そしてそれを全て諦めた時、主体は無となり、苦しみから解放されるとされる。つまり、無常という真理を見つめ、その真理を受け入れる事が倫理的な善とされるのである。大乗仏教は、この無常の教えを広め、人々を苦しみから救う事がその目的なのである。

仏教的安全保障

この仏教的世界観はウェストファリアの世界観を根底から覆す可能性を含んでいる。現代のウェストファリア的なナラティブは、国際秩序があることを前提としており、国民国家は、人々の日常性を保護する唯一のエージェントとして措定されている。これまでの主流のIRでは、主権の維持と人々の生活の安全は同義語として理解されてきた。主権の維持は、人々の平和な生活の保障を直接的に意味した。人々の平和な生活を保障するという目的自身は仏教も同じである。しかし、現代のＩＲ言説の問題は、この目的を達成するための手段（ＩＲにおいては主権の維持、仏教においては無常についての理解）が目的化してしまったところにある。重要なのは、そもそも人々の平和な生活を保障するという安全保障の目的が、国際関係という枠組みにおいては、国家主権の維持によってとって代わられているという点である。手段であったはずの安全保障が目的化されてしまい、逆に往々にして国家安全保障のために人々の平和な生活が蔑ろにされてしまう。たとえば沖縄の基地問題などはその典型的な例であると言えよう。そこでは、日米安全保障がより上位の概念として措定され、沖縄の人々の平和な生活は下位の場所を占めるに過ぎない。

これは、多元主義のＩＲにも当てはまる。たとえそれが人道的な権威、関係性、天下理論、またはグローバルＩＲであったとしても、彼／彼女らはすべて国家主権の維持を目的とし、国民国家を主要なアクターとして設定する。ここでも、手段と目的の問題は未解決のままである。この問題は、ＩＲにおける多元主義が所与の地政学的区分を前提することから導かれる。逆に言えば、安全保障が国家の安全保障という形態をとることがＩＲでは一般的であることから、国家安全保障の前提を取らない限り、人々の平和についての言説はＩＲのカテゴリーから逸脱してしまうのである。ＩＲ言説の多様性が奨励され、好まれる一方で、ＩＲとしてカウントされる可能性のある言説では特定の条件が受け入れられるべきであるという前提が確立される。そこではアメリカはアメリカであり、中国は中国であり、それ以外の何ものでもない。そして、その上でのみＩＲの主体性は成立し、また固定化される（Acharya and Buzan 2017）。

これは、一九八〇年代に哲学界で展開されたハーバーマスとフーコーの間での論争、そして一九九〇年代のIRにおける合理主義とポスト構造主義の間の「第三の論争」と同じ構造である（Foucault 1984; Smith 1996）。そこでの焦点は、誰が民主主義的討議に参加する資格を考え、決定し、付与できるのか、という点であった。つまりそれは、多元主義を標榜する現代的なIRにおける存在論と同様の問題として理解することができる。どのような国家が多元主義の枠組みの内側に存在し、どのような国家が疎外されるのか、そもそもメインのアクターである国民国家とは何なのか、それは国民国家でなければならないのか。

仏教的国際関係論の実践

IRにおける仏教の実践は、これらの問題点を明らかにする。仏教的IRは、国家の指導者に、禅の瞑想、ヨガ、あるいはマインドフルネスを奨励することを目的とするものではない（それ自体は非常に意味があるように思われるが）。代わりに、ここではより実用的かつ有用な目標を維持する。苦しみから人々を解放することである。

仏教に基づいたIR理論は、関係性や主体性を批判的に捉えることから始まる。これは、自己を維持したいという願望が仏教思想の言う不安であり、それが対立を生み出し、人々の生活を「苦しみ」に導くからである。つまり、欲望と不安からの解放が仏教の目的である（南二〇一八）。禅瞑想、公案、ヨガはすべて解放のための実践と考えられている（Ling 2019）。苦しみからの解放は、あくまでも個人の修行の問題であり、IRという学術分野に関連していないという考え方もあるであろう。しかし、仏教の視点を取り入れることによって、さまざまな角度から世界情勢を分析する事が可能となり、自己内省の追求の道が開かれる。ここで、私たちが自問しなければならない問題は、端的にＩＲの言説が苦しみを引き起こしていないか、という点にある。我々は国際秩序の維持の名の下に、特定の人に苦しみを与えているのではないか？　つまり、ＩＲの手段が目的化していないかを問うのである。

三　ケース・スタディ

これに関連して、沖縄の米軍基地問題はよい例といえる。日本の米軍基地は、東アジアの安全保障の名の下に沖縄に集中している。長年の沖縄の活発な反対運動にもかかわらず、基地の撤廃はまったく進んでいない。それどころか、基地の設立を可能にする日米安全保障条約は、日本の国家主権と東アジアの安全保障の名の下に、アメリカとの日本の外交関係のデフォルトの関係性を決定し、維持している。人々の平和な生活の手段としての国家主権と東アジアの安全保障はすでに目的に転化され、それに基づく秩序維持は、沖縄の人々の平和な生活よりも上位の位置を占めているように見える。言い換えれば、人々の安全の目標、つまり苦しみから人々を解放すること(もちろん沖縄の人々も含まれる)は、目標とされた安全保障の枠組みによって否定されてしまっているように見えるのだ(Shimizu 2009)。

デンマークの奇跡

反対の例を見てみよう。これは、ハンナ・アーレントが『エルサレムのアイヒマン』で展開したものであり、第二次大戦におけるデンマーク人の奇跡「暗闇の中の光」としても知られるユダヤ人救出の物語である(Brudholm 2007)。アーレントは、この事例を非暴力抵抗の「巨大な力の可能性」の例として説明した(Arendt 1963: 191)。一九四〇年、外交上同盟国であったデンマークはナチス・ドイツに侵略された。それはわずか数時間しか要しなかったと言われる。この間、デンマーク軍はナチスの侵略に抵抗する意図をほとんど示さなかった。これはナチス軍とデンマーク軍の軍事力の大きな違いから、デンマークの抵抗がほとんど無意味であったことによる。一方、デンマークのこの侵略を許す、つまり国家主権を諦めるという判断は、人々の命を守ったという意味では、非常にプラグマティックなものだったとも言える。これは国家主権の維持が最も上位の価値として措定されている現在のＩＲ理論においては非常に不可解なものとなる。

しかし、興味深いことに、この決定によりデンマークの主権はある程度維持されたという言い方も可能である。これはデンマークと同時期にナチスの侵攻を受けたノルウェーと比較することによって明らかとなる。ノルウェーもデンマークと同時期にナチスの攻撃に晒される。激しい戦いの後に占領を許したノルウェーでは、結果的にファシストの傀儡政府が設立され、親ナチス政策が滞りなく実施される。他方、デンマークではデンマーク政府が維持され、頻繁にドイツ占領当局に対して抵抗を示した。またデンマーク社会ではゼネストが頻発し、社会機能がストップすることも珍しくなかった。その結果、デンマークにおけるドイツ占領当局は、他の地域の統治組織とは異なり、徐々にデンマーク寄りの政策をとるようになり、ついにはベルリンからの指示に対してあからさまに異議申し立てをするようになる。さらには、ベルリンからの「最終解決」の指示があった時、意図的にデンマーク側に情報漏洩し、その結果デンマークに住んでいた多くのユダヤ人はスウェーデンに逃げることができた。事実、七八〇〇人のデンマーク系ユダヤ人の九二%以上が救われたと言われる(Abrahamsen 1987: 5; Arendt 1963: 173)。

もちろん、この出来事に関しては、異なる解釈も多く提示されている。デンマークの奇跡をドイツ人とデンマーク人との人種的類似性に求める解釈は、その最も端的な例である(URL①)。しかし、この解釈は、先に述べたデンマークとノルウェーにおけるナチスの統治体制の差異を説明することはできない。ここで私が主張したい重要なポイントは、ドイツの占領を無抵抗で許すというデンマークのプラグマティックな行為が、結果的にデンマークの人々の生活を守り、さらにはその政治的な立ち位置を強化した、という解釈が可能であるという点である。そしてデンマーク占領中のドイツ人とデンマーク人の前例のない関係(おそらく縁起的な性格を持った)は、この奇跡が起きた要因の一つであった。

デンマークの奇跡の仏教的解釈

仏教の観点から見ると、デンマーク系ユダヤ人の救出は、第一に、予期せぬ縁起関係の力の典型的な例として理解することができる。従来のIRでは、侵略に対する戦闘行為は、他国の攻撃下にある国家の主権を維持する唯一の方法であると考えられてきた。しかし、デンマークの奇跡は、必ずしもこの考え方が普遍的な適用可能性を持つものではないことを明確に表している。仏教においては、手段（主権）は常に、人々の苦からの解放（目的）のためにあることが前提とされる。国家主権は常に相対的なものであり、関係性による変化の圧力の下にある。いかに国家主権が固定化され制度化されているように見えても、それはあくまでもスナップショットであり一時的なビジョンでしかない。したがって仏教においては、人々を解放するという目標を追求する際に、主権という考えに固執する理由はない。沖縄のケースでは、国家主権と安定した日米関係という未来像は沖縄の人々の生活に負担をかけてきた。他方デンマークのケースでは、人々を救うために国家主権は捨てられた。ここでは、国家主権は目的ではなく手段・方法であった。この行為は国際関係における主体性の無常を基礎にしていると考えれば理解できる。それは仏教の考え方と近似性を持つ。

第二に、デンマークの奇跡に見られたプラグマティズムは仏教思想の重要な部分でもある。仏教は基本的に実用的な思考を志向する。すべてのものが決して固定されないという考えは、確立されたすべてのものが遅かれ早かれ衰退・消滅することを意味する。それは目の前にあるカップであろうと国家主権であろうと、無常は世界をつかさどる論理なのである。その場合、重要なのは、過去の記憶や将来の予測ではなく、むしろ現在の状況であり、私たちは目標を達成するために最善の選択をする。そしてその究極の目的は、人々の苦しみからの解放にある。過去からの伝統にこだわったり将来の夢を見たりすることは、結局夢の中に住んでいるようなものとなる。デンマークの場合、人々の命を守ることが彼らの選択であった。命のない解放はない。彼らの選択は非常にプラグマティックであり、これは仏教に近い考え方であると理解することができる。逆に、沖縄のケースは、「埋め込まれた」東アジアの外交関係の想像上の将来の秩序に対する現代的な認識を示している。これは、将来の東アジアの安全保障という夢が沖縄の声を無視することによってのみ可能となることを表している。皮肉なことに、現実にあるのは沖縄の人々の苦しみだけとなる。

第三に、ナチスの占領下においてデンマークという主権国家が消えた点に注目しなければならない。それにもかかわらず、ユダヤ人の救済の形で、デンマークは強く、歴史にその存在を残した。デンマークの社会は決してユダヤ人に対して寛容ではなかったにもかかわらず(Arendt 1963)、デンマーク人がユダヤ人の救済を支援した理由は何なのか？　そこに多くの解釈が提示されているが、通底するのは命の平等を否定しないという一貫した姿勢である。すべての生き物が平等であるという考え方は、明らかに仏教と強い親和性を持つ。

沖縄の問題を見ると、沖縄の地元の人々が不当に扱われていることは明らかである。上述したように、中央政府は米軍基地の駐留に対する沖縄の人々の大規模な抵抗を押しとどめることに成功したわけではない。日本の本土への基地の移設可能性を調査しようとしたとき、彼らは地元の抵抗に遭遇し、それ以上地元の人々を説得するための努力をしなかった(高橋二〇一五)。ここに、中央政府が本土の人々と沖縄の人々とに異なる形で対処していることが明らかとなる。この問題を解決するためには、政府は基地の設立維持には地元の人々の同意が必要となる法律か、もしくは地元の意思は考慮せずに強制的に基地の設立維持ができる法律を策定する必要がある。すべての人が法の前においては平等であることを前提として、基地問題も法律によって解決する必要があるのである。残念ながら、こうした動きは現在のところ見られない。

最後に、デンマークのケースにおいては、ドイツ幹部の変化を詳細に分析する必要がある。ここで重要なのは、変化する関係性であり、ナチスとデンマークとの関係性の変化によってナチス幹部の主体性がどのように変化したか、という点である。仏教では、主体は常に関係の後に現れる。これはデンマークの文脈でもそうであった。ナチス当局と占領下のデンマーク政府との長い相互作用の後、関係はナチスの役人の主体性を変え、彼らは「中央機関によって実行するように命じられた措置」に抵抗するまでになった(Arendt 1963: 172-173)。これは、主体性を構築および変化させる関係性の力の典型的な例といえる。他方、沖縄のケースは、その不在という意味において関係性の重要性を証明している。沖縄の交渉継続の要求にもかかわらず、現在の安倍内閣は繰り返し提案を拒否してきた。このことは関係性の変化の可能性の否定を意味し、その状態では主体性の変化は見込めない。

沖縄基地問題との対比

しかし、沖縄と日本政府という視点から少し焦点をずらした時、過去の沖縄—日本関係においては、この関係性の変化は全く不在というわけではない事が見えてくる。明仁上皇の皇太子・天皇としての沖縄訪問はその典型的な例である。よく知られるように、彼は皇太子時代の最初の訪問で過激派による攻撃に晒された。沖縄は日本で実際に地上戦が行われた唯一の場所であり、中央政府によって事実上放棄された場所である。戦闘中に約二〇万人が死亡し、その多くは日本軍の強制による自殺を余儀なくされたと言われる。その結果、彼の訪問は当然ながら当初は歓迎されなかった。しかし、地元の人々に皇太子が彼らと一緒に座って対話する事を決心したことが知らされたとき、彼は徐々に受け入れられ始めた。継続的な沖縄への訪問の結果、今、明仁上皇は沖縄に最も受け入れられた日本人となった（矢部二〇一五）。最近の世論調査では、沖縄の人々の八七%が上皇に対して良い印象を持つという（URL②）。

もちろん、彼の訪問をそれだけで評価することはできない。彼の訪問は、聴衆と地元の人々の関心を差し迫った政治的問題からそらすだけであるという主張もある（斉藤二〇一五）。一方、主流メディアは、それは地元の人々の痛みを緩和し、沖縄と日本の間の良好な関係をもたらすと報道する。しかし、いずれにせよ、近くに座って「今、ここ」で沖縄の人々の苦しみに耳を傾ける彼の行動は、苦しみから人々を解放するために「今」という瞬間を共有するという典型的な仏教の救済のアクションに見える。もっとも、この彼の行動が沖縄の人々の記憶を消去し日本の犯した罪を消し去るものではないことは明らかであるが。

さらに、沖縄米軍基地についての最近の非常に興味深い展開は、日本本土で地方議会が辺野古での新たな米軍基地の建設について中央政府による見直し、もしくは沖縄の民主的な決定の尊重を要求する決議を出し始めている点である。沖縄と日本の本土の地方議会とのこの新しい関係の出現は数年前にさかのぼる。産経新聞によると、これまで少なくとも地方議会による同様の決議が二五回衆議院へ、三九の要求が安倍晋三首相に直接提出された（URL③）。この現象は、二〇一九年初頭の沖縄における住民投票の後にさらに勢いを増している。これは本土の地方議会が、基地問題について沖縄の決定を尊重するように求めた沖縄のNGOによる手紙を受け取ったことが要因の一つと考えられる。これらには、岩手県、小金井市、および小平市（東京都）（URL④）、向日市（京都府）（URL⑤）などが含まれる。この日本本土での現象は、本土に住む市民と沖縄の人々との間に新しい関係性、すなわち縁起的な関係性、が生起し始めていることを意味している。こうした動きが続けば、日本と沖縄の間に横たわる「埋め込まれた」関係性はかき乱されることとなるであろう。

おわりに

ＩＲにおける主体性については、一九九〇年代から批判的に研究されてきた。コンストラクティビズムの登場は、主体性についてのポジティビズム／ポスト・ポジティビズム間の論争から生まれ出たものである。現代のＩＲの関係性論もまた主体性についての議論であるという点から言えば、同様の流れの中の一つの展開として位置付けられるであろう。しかし、現在の関係性理論は、主体性の存在それ自体を批判的に捉えるものではない。ましてや、仏教を基礎とするようなラディカルな主体像までは到達していない。

本章は、空と縁起的関係性をＩＲの文脈に適用するために、新しい世代の関係性理論の構築可能性を模索した。国家主権の問題と人々の解放に直接関係するような二つのケース・スタディを取り上げることで、国家主権における手段が目的化するような側面に焦点を当てる必要があり、もう一度ＩＲの元の目的、すなわち人々の苦しみからの解放という目的に戻る必要性の明確化に挑戦した。ケース・スタディについてはこれからさらに多くの研究がなされる必要があるだろう。特に、天皇の沖縄訪問の影響については、まだ多くの研究がなされているわけではない。さらなる展開が待たれる。また、沖縄と日本との関係が暴力的な対立に発展しなかったのは天皇の継続的な沖縄訪問があったからだとする興味深い言説も見られる。ここでこのことを評価することは非常に困難であるが、この効果を証明することは、仏教的関係性の力を明確にし、仏教的ＩＲ言説に貢献することにもなるであろう。

注

（1）第三の論争は、一般的には認識論についての論争とされる。つまり、我々はどのように世界を「知る」ことができるのか、という点についての論争と言われる。

（2）以下、ここではアクターという用語を、役割としてのアクターという意味で使用し、「主体」という訳語とは区別する。

（3）具体的には、高坂正顕、西谷啓治、高山岩男、鈴木成高の四人を指す。

（4）近年、アメリカン大学のアミタブ・アチャリア（Amitav Acharya）によって提唱された、国際関係論と地域研究との共同研究を求めた議論。

参考文献

大田昌秀（二〇一三）「深く感じた沖縄への思い」、五百旗頭真・宮城大蔵編『橋本龍太郎外交回顧録』岩波書店
斉藤利彦（二〇一五）『明仁天皇と平和主義』朝日新書
末木文美士（二〇一四）『日本仏教入門』角川選書
末木文美士（二〇一九）『いま日本から興す哲学（冥顕の哲学２）』ぷねうま舎
杉本圭三郎（二〇一七）『新版　平家物語　全訳注【全四冊合本版】』講談社学術文庫
「政治家　橋本龍太郎」編集委員会編（二〇一二）『六一人が書き残す　政治家　橋本龍太郎』文藝春秋
高橋哲哉（二〇一五）『沖縄の米軍基地「県外移設」を考える』集英社新書
出口治明（二〇一八）『世界史の一〇人』文春文庫

西田幾多郎（一九五七）「私と汝」，『西田幾多郎全集　六』岩波書店
三木清（一九六八）「親鸞」，『三木清全集　一八』岩波書店
南直哉（二〇〇一）『日常生活のなかの禅――修行のすすめ』講談社選書メチエ
南直哉（二〇一八）『超越と実存――「無常」をめぐる仏教史』新潮社
矢部宏治・須田慎太郎（二〇一五）『戦争をしない国　明仁天皇メッセージ』小学館
Abrahamsen, Samuel (1987) "Introduction and Historical Background," in L. Goldberger ed., *The Rescue of the Danish Jews: Moral Courage under Stress*, New York University Press.
Acharya, Amitav, and Barry Buzan (2017) "Why is There No Non-Western International Relations Theory? Ten Years On," *International Relations of the Asia-Pacific*, 17(3).
Arendt, Hannah (1963) *Eichmann in Jerusalem: A Report on the Banality of Evil*, Penguin.
Blanchard, Eric M., and Shuang Lin (2016) "Gender and Non-Western 'Global' IR: Where Are the Women in Chinese International Relations Theory?" *International Studies Review* 18(1). doi: 10.1093/isr/viv 019
Borish, Steven (2009) "Hal Koch, Grundtvig and the Rescue of the Danish Jews: A Case Study in the Democratic Mobilisation for Non-Violent Resistance," *Grundtvig Studier*, 60(1).
Brudholm, Thomas (2007) "A Light in the Darkness? Philosophical Reflections on Historians' Assessments of the Rescue of the Jews in Denmark in 1943," in R. M. Schott and K. Klercke eds., *Philosophy on the Border*, Museum Tusculanum Press.
Butler, Judith (1990) *Gender Trouble: Feminism and Subversion of Identity*, Routledge.
Callahan, William A. (2013) *China Dreams: 20 Visions of the Future*, Oxford University Press.
Chen, Ching-Chang (2011) "The Absence of Non-Western IR Theory in Asia Reconsidered," *International Relations of the Asia-Pacific*, 11(1).
Foucault, Michel (1984) *The Foucault Reader*, Paul Rabinow ed., Penguin.

Huang, Xiaoming (2001) "The Zen Master's Story and an Anatomy of International Relations Theory," in S. Chan, P. Mandaville, and R. Bleiker eds., *The Zen of International Relations: IR Theory from East to West*, Palgrave.

Kavalski, Emilian (2018) "Guanxi or What is the Chinese for Relational Theory of World Politics," *International Relations of the Asia-Pacific*, 18(3). doi: 10.1093/irap/lcy 008

Krishna, Sankaran (2017) "China is China, Not the Non-West: David Kang, Eurocentrism, and Global Politics," *Harvard Journal of Asiatic Studies*, 77(1). doi: 10.1353/jas. 2017.0006

Langenberg, Eike A. (2007) *Guanxi and Business Strategy: Theory and Implications for Multinational Companies in China*, Physica-Verlag.

Ling, L. H. M. (2013) "Worlds beyond Westphalia: Daoist Dialectics and the 'China threat'," *Review of International Studies*, 39(3).

Ling, L. H. M. (2019) "Kōanizing IR: Flipping the Logic of Epistemic Violence," in K. Shimizu ed., *Critical International Relations Theories in East Asia: Relationality, Subjectivity, and Pragmatism*, Routledge.

Luo, Yadong (1997) "Guanxi: Principles, Philosophies, and Implications," *Human Systems Management*, 16(1).

Qin, Yaqing (2011) "Rule, Rules, and Relations: Towards a Synthetic Approach to Governance," *The Chinese Journal of International Politics*, 4(2).

Qin, Yaqing (2016) "A Relational Theory of World Politics," *International Studies Review*, 18(1).

Qin, Yaqing (2018) *A Relational Theory of World Politics*, Cambridge University Press.

Shani, Giorgio (2008) "Toward a Post-Western IR: The 'Umma,' 'Khalsa Panth,' and Critical International Relations Theory," *International Studies Review*, 10(4).

Shih, Chih-Yu, and J. Ikeda (2016) "International Relations of Post-Hybridity: Dangers and Potentials in Non-Synthetic Cycles," *Globalizations*, 13(4).

Shimizu, Kosuke (2009) "Human Security, Governmentality, and Sovereignty: A Critical Examination of Contemporary Discourses on Universalizing Humanity," in F. Debrix and M. J. Lacy eds., *The Geopolitics of American Insecurity: Terror, Power and Foreign Policy*, Routledge.

Shimizu, Kosuke (2015) "Materializing the 'non-Western': Two Stories of Japanese Philosophers on Culture and Politics in the Inter-war Period," *Cambridge Review of International Affairs*, 28(1).

Shimizu, Kosuke (2018) "Do Time and Language Matter in IR? Nishida Kitaro's non-Western discourse of philosophy and politics," *Korean Journal of International Studies*, 16(1).

Smith, Steve (1996) "Positivism and Beyond," in S. Smith, K. Booth, and M. Zalewski eds., *International Theory: Positivism and Beyond*, Cambridge University Press.

Wendt, Alexander (1999) *Social Theory of International Politics*, Cambridge University Press.

Yan, Xuetong (2011) *Ancient Chinese Thought, Modern Chinese Power*, Princeton University Press.

Zhao, Tingyang (2012) "All-Under-Heaven and Methodological Relationism," in F. Dallmayr and T. Zhao eds., *Contemporary Chinese Political Thought: Debates and Perspectives*, University Press of Kentucky.

URL

① https://www.facinghistory.org/holocaust-and-human-behavior/chapter-9/denmark-nation-takes-action(二〇二〇年七月一四日閲覧)

② https://www.okinawatimes.co.jp/articles/-/415062(二〇二〇年二月一九日閲覧)

③ https://www.sankei.com/premium/news/151024/prm1510240011-n1.html(二〇二〇年二月一九日閲覧)

④ https://digital.asahi.com/articles/ASM595WR2M59TIPE01R.html?iref=pc_ss_date(二〇二〇年七月二四日閲覧)

⑤ https://www.okinawatimes.co.jp/articles/-/361176(二〇二〇年七月二四日閲覧)

第4章　政治経済的地域統合の学理

——突発的な変化が生じる階層的な理由——

石戸　光

はじめに

本章は「主体間の関係性」と「政治経済的地域統合」および隣接する社会事象についてのメタ理論、すなわち地域統合の関係性をめぐる理論とはそもそもどのようなものかに関する考え方(学理)を、学融合的に模索するものである。そして可能な限り、グローバル関係学の一般的な学理にも通じると思われる視座を提示してみたい。国際社会における政治的、経済的地域統合体のさまざまなメカニズムは、単なる国家間統合体とするのではなく、国際機関や市民社会、超国家的ネットワークなどの上位システムを含むグローバル社会における動向と、国家主体内の多様な価値観から成るサブシステムとから構成されており、相互作用を及ぼし合っている。そこで以下では、そのような「グローバルシステム」が国家間において結ばれる政治経済的な意味での地域統合にどのような影響を及ぼしているかを論じたい。

第一節においては、政治経済的地域統合のメタ関係性につき、いくつかの概念と共に考察する。第二節においては、関係性を焦点に政治経済的地域統合のいくつかの事例を概観する。第三節では、地域統合をめぐる関係性のモデル化の例を提示し、第四節においては、そのようなモデル化の背景に存在する、地域統合の最小(ミクロ的)構成単位としての個人の道徳感情の根源と「関係性」について考察する。「おわりに」では、政治経済的地域統合と関係性について、グローバル関係学の学理に関する小括および今後の研究上の展望を行う。

一　政治経済的地域統合のメタ関係性

一九九〇年代後半より世界的な潮流として政治経済面での地域統合が進展しており、同時に地域紛争の解決メカニズムとして地域内の国家間の調整機能が揺らいでいる。ここで地域統合とは、国境障壁が削減され、政治的・経済的な何らかの結びつき(制度的・非公式を問わず)が国境を越えた地域において進む現象を指している。また、その結果創出される国境を越えた凝集性を持った主体を地域統合体と呼ぶこととしたい。EU(欧州連合)、ASEAN(東南アジア諸国連合)、APEC(アジア太平洋経済協力)およびそこから派生したTPP(環太平洋パートナーシップ協定)などさまざまな地域統合体の経済的、政治的統合機能の実態を把握し、その経済的、政治的役割を分析することが肝要である。地域統合体を経済的、政治的に共通して分析可能な、新たな分析枠組みはどのようなものであろうか。そこでは上位システム(マクロ)、国家主体(メソ)、サブシステム(ミクロ)という階層構造が層を超えて影響を与え合うものと考えられる。また地域横断的なネットワークを形成する犯罪やテロに抗して、地域統合体がいかに反応し、新たな地域安全保障システムを模索するか、国家主体とサブシステムの共振性、すなわち安定化や不安定化など、同じ方向に動く状況も重要な考慮事項となる。

国民国家を主体とした「地域統合体」は、経済・政治それぞれの分野において一九九〇年代後半より顕在化した。自由貿易協定など地域経済統合の興隆によって、国家単位を基軸とした「ウェストファリア体制」の意味合いが薄れ、超国家的な地域経済統合圏を単位とする経済関係が創出している。地域経済統合圏の形成は欧米において先行し、EUがその代表例であるが、現在、アジアおよびアフリカにおいて広域的な地域経済統合圏が急速に形成されている。上述したASEANの他、アフリカにおけるアフリカ大陸自由貿易協定、中東湾岸地域におけるGCC(湾岸協力会議)など、さまざまな地域統合体が成立している。

地域主義の流れの背景には、マクロな経済面でのグローバル化や相互依存関係の深化に加え、安全保障面、すなわち地域紛争の解決メカニズムとして地域内の国家間の調整機能が期待されたことが要因として挙げられよう。EUは、社会経済共同体から発展して、統合体内の平和と福祉、国際関係など広範な機能を持ち、民主的統治や人権遵守を条件として冷戦後の旧東欧・ソ連諸国に加盟対象を広げるに至った。ASEANにおいても、加盟国の民主化と民主主義規範のグローバルな拡大を背景に、不文律であった人権や民主主義が頻繁に公文書で明文化され、ASEAN型方式の核をなす「内政不干渉の原則(=主権国家規範)」に対する疑義が、民主化した政府や知識人から提起されるようになった。また、APECは「開かれた地域主義」を掲げ、環太平洋における経済統合を見据えるのみなら

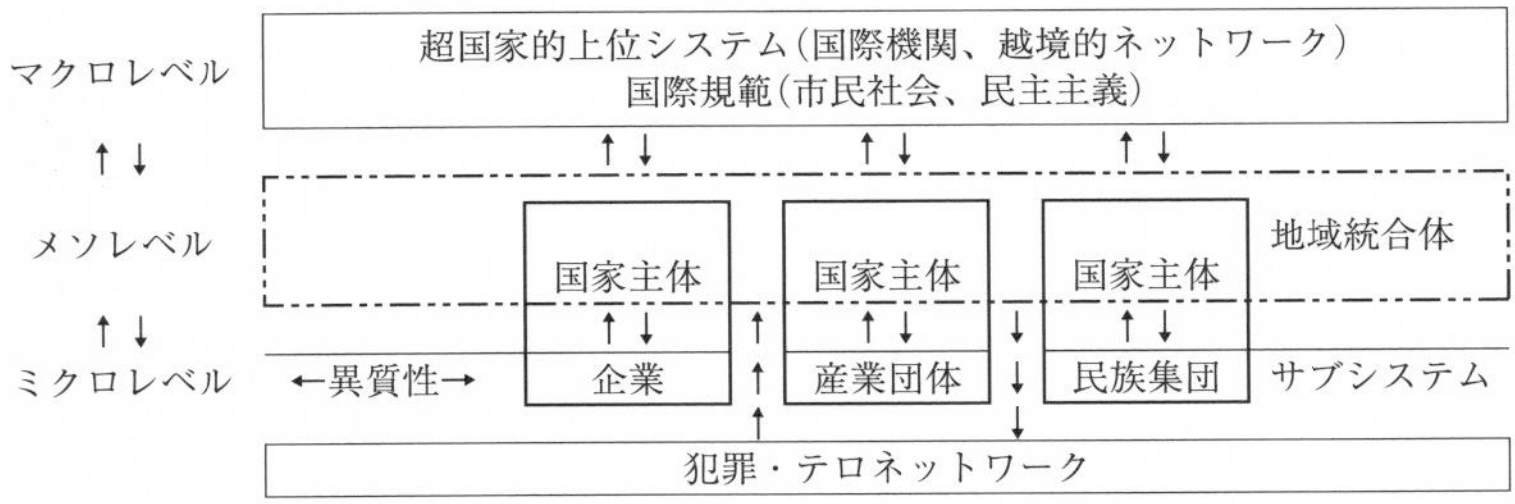

図 4-1　マクロ・メソ・ミクロの階層性

ず、アフリカなどの最貧国をも視野に入れ、「経済協力を通じた平和構築」を見据えた地域統合としての側面を有する。

そこでグローバル社会のとらえ方として、図4-1に示されるように「マクロ」「メソ」「ミクロ」という階層構造を想定し、それらの相互作用(関係性)が主体間、および階層のありかたをたえず創発させている、という視点を重視してみたい。同図において、地域統合体は基本的にメソレベルの上位部分(よりマクロに近い階層)に位置付け、一部の地域統合体は「超国家的上位システム」としてマクロレベルに位置付けている。

「既存の政治経済システム内部での関係性」であれば、「システム的に」解決が志向され、それがこれまでのグローバルイシューを扱う学問分野の主な視点であったように思われる。そのため「関係性」が大きく変化する、いわば「断絶」を扱うことは、「システム外的事象」として、これまでの学理では埒外に置いてきたように思われる。しかし社会構成員間の関係性(対立、依存、消長、転化等)および主体のあり方(国益や世論の分布)自体が大きく変化する状況下では、「関係性が主体のあり方に影響を与え、その逆(主体から関係性への因果連鎖)もまた真」という次頁の図4-2および図4-3のような捉え方がより現実的である。地域統合体の関係性には、国家間の「対立」、「依存」、「消長（実現する均衡状態の絶えざる揺らぎ）」、「転化（対立の軸および主体の特質が変遷していくこと）」などが挙げられ、階層的な地域統合間のマクロ的・メソ的・ミクロ的な関係性の相互依存的「場」を重視した分析形式が重要となる。次節においては、地域統合のいくつかの事例に即しながら、可能な限り一般的な形で「関係性」について考察する。

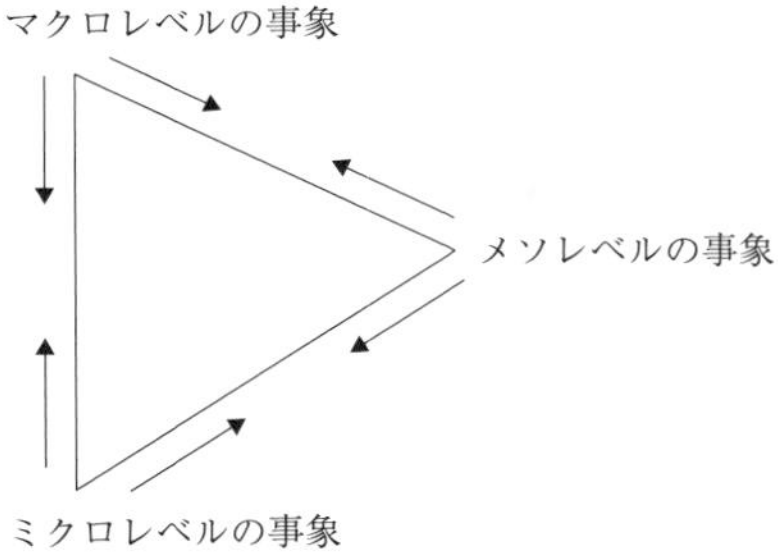

図 4-2　マクロ・メソ・ミクロ間の相互作用的な場

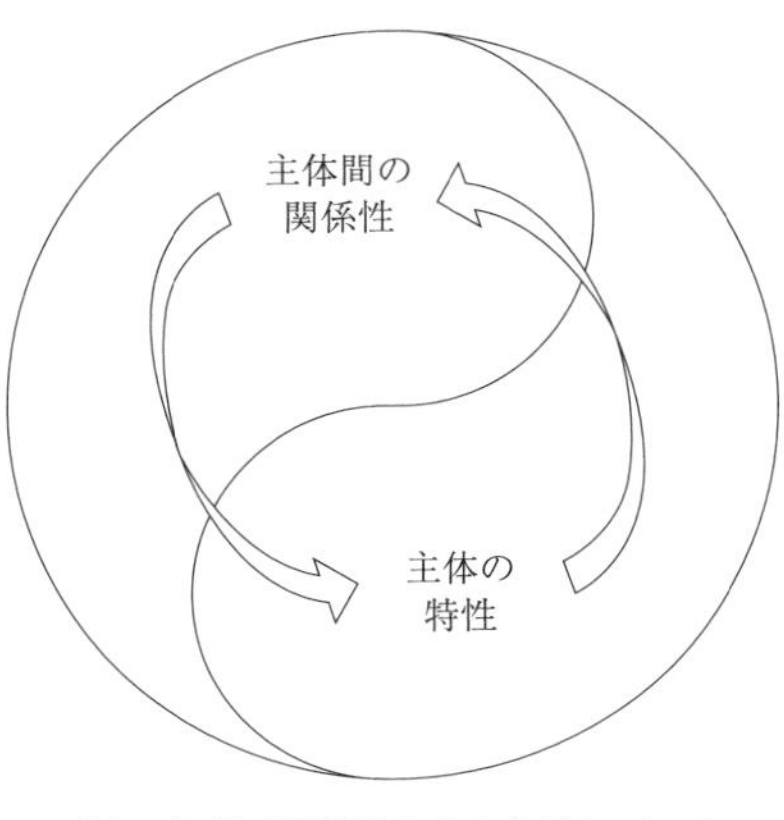

注）矢印は因果的な方向を示している.

図 4-3　関係性と主体の特性の相互作用

二　政治経済的地域統合のいくつかの事例と関係性

本節では、政治経済的な地域統合（もしくは地域統合に類する国家間連合）のいくつかの事例により、地域統合をめぐる国家間の関係性が、国家の上位および下位の非国家的な主体から双方向的な影響を受ける中で、国家主体の特質そのものを変容させる点について概観したい。

ＡＳＥＡＮをめぐる関係

ＡＳＥＡＮ（東南アジア諸国連合）の一九六七年における設立の経緯として、共産主義への対抗に加え、東南アジアにおけるＡＳＥＡＮ加盟国間の安全保障体制の構築もまた地域統合の目的であった。現在のＡＳＥＡＮは経済的な意味合い（貿易・投資における規模の経済および効率性の追求、国家の信頼度の増大など正の外部性の確保）も地域統合の求心力として創出してきており、それに呼応してＡＳＥＡＮにおいてはＡＥＣ（ＡＳＥＡＮ経済共同体）という名のもとに更なる経済的な比較優位の創出を見据え、「スタートアップ」（新規の技術を用いた新規事業の立ち上げ）などの経済政策上のスローガンを掲げるに至っている。

しかし「主体」としてのＡＳＥＡＮは、一九七六年にはＡＳＥＡＮ加盟の五カ国（インドネシア、マレーシア、フィリピン、シンガポール、タイ）により「東南アジア友好協力条約」が締結された。ここで「ＡＳＥＡＮ」ではなく「東南アジア」とより包括的かつ「あいまい」にしている点はＡＳＥＡＮの主体としてのあいまいさを示す意味で重要である。その後、同条約への加入国は増加し、ブルネイは一九八四年、ベトナムおよびラオスは一九九二年、カンボジアおよびミャンマーは一九九五年に加入した。すると少なくとも「反共産主義の国家連合」としてのＡＳＥＡＮという主体の特質は変容していく。地域統合体という主体は、構成メンバー間およびそれぞれのメンバー国内の他の主体との関係性をいわば忖度《そんたく》する中で絶えず揺らぎ(fluctuate)、その特質が変容している、という捉え方は重要である。

ＡＳＥＡＮを構成する国家主体間の異質性により、地域統合体としての求心力が失われ、同時に国家内部においても国家としての秩序の乱れは増大し、国家が分断化されていく状況になりかねない点も地域統合体としての重要な性質である。地域統合および金融資本主義の浸透の帰結としての個人や企業の行動の変化が、上記のＡＳＥＡＮ先発五カ国の政治システムにどのようなインパクトを与えるか、また国際システムの変化が、ＡＳＥＡＮ各国の政治経済システムにどのようなインパクトを与えるか、さらに国内の政治動向が東アジア全体の地域秩序にどのようなインパクトを与えるかはＡＳＥＡＮを取り巻く地域統合の焦点となる事象である。

そして近年の南シナ海をめぐる情勢とＡＳＥＡＮの対応は、ＡＳＥＡＮと国家主権の相対性(ミクロとマクロ双方の主体によって絶えず支持されることによってのみ維持される、脆弱な性質)を考察するための重要な事例となっている。南シナ海における領有権をめぐっては、ＡＳＥＡＮ加盟国内には「異質性」(温度差)が存在しており、当事国フィリピンは、主権国家としては南シナ海の領有権をめぐる中国との国際的な仲裁裁判に勝訴した(二〇一六年七月)が、中国からフィリピンへの経済援助の働きかけがフィリピン内の産業団体や政治関連団体など「ミクロ的」主体によって好ましいものとして受け取られるに及び、領有権をめぐる議論は、フィリピン側の妥協、あるいは事実上の棚上げの状態となっている（本章執筆の二〇二〇年二月時点）。すなわち、メソの主体としての国家主権は、それを取り巻く他の階層との関係性によって変容していく相対的なものにすぎないのである。フィリピンの国家主権の維持努力には限度があり、国家として対応可能な「臨界点」を超えると、国家主権の拡大を目論む中国がなし崩し的にフィリピンとの関係性を自国に有利な形に進展させることとなりかねない。

このような一国レベルでの対応状況がASEANレベル（超国家的主体とみなせば「マクロ」主体、政府間協議体と考えれば「メソ」主体）での内政不干渉原則とあくまでコンセンサスを重視するASEAN WAYという特質の強化にも因果連鎖的につながっている。具体的には、ASEANとしての南シナ海をめぐる共同声明を発出する試みが何度も失敗することにつながっている。そしてこのことが、他のASEAN参加国の政治経済的なリベラリズム色を出しやすくもしていると考えられる。

ASEANという地域統合体はある程度成功しているが、上の南シナ海をめぐる状況にみる通り、限界を有し、このことがマクロな意味での国際的な法の支配が緩くなることにもつながっており、南シナ海をめぐる国際的な行動規範が実態として変容していく。特に一九八〇年代以降、中国の影響力が強くなったことを背景に、既存の国際海洋法も解釈・適用における「変容」を迫られている。これはマクロ的な国際規範がメソの状況から影響され変化しうることを示す。

ミャンマーやフィリピン国内では社会的騒乱状態がみられ、民主主義の優等生と言われたフィリピンにおいては、ミンダナオ島での反政府武装勢力と政府軍との関係悪化を受け、同島での戒厳令が二〇一七年五月に敷かれた。これは偶然ではなく、同じ構造の中で起きている。メソレベルにおける主権国家同士の領有権の問題が、よりミクロの国内情勢にも影響を与えるのである。

ＡＳＥＡＮという地域統合体の動向にみられるように、いわゆるウェストファリア体制（主権国家を不動の主体と見立て基軸とした国際体制）は相対的なものでしかあり得ず、絶えずマクロ的・ミクロ的な関係性による下支えを必要とする。それらの下支えの関係性が揺らいでマイナス方向に働く時、（メソ領域の）主権国家体制もまた溶解の危機を迎えるのである。

アジア太平洋地域における重層的な地域統合

ＡＳＥＡＮを含めたアジア太平洋地域における重層的な地域経済統合の現状分析と生成過程、ＡＦＴＡ（ＡＳＥＡＮ自由貿易地域）、日中韓自由貿易協定、ＲＣＥＰ（東アジア地域包括的経済連携）、ＡＰＥＣとＴＰＰおよびＦＴＡＡＰ（アジア太平洋自由貿易圏）の動向、経済効果、課題などについての分析にも、マクロ・メソ・ミクロの階層性が関係している。その際、アジア太平洋地域の主要なアクター（主体）であるＡＳＥＡＮ、日本、中国、アメリカおよび人の移動、多国籍企業、さらに個別貿易品目（模倣品も含む）の視点から、地域統合への関与やそれぞれの役割、思惑などについて論じることが必要になる。

ここで例えばＡＰＥＣに着目すると、一九八九年に設立されたＡＰＥＣを下支えする哲学は「開かれた地域主義」（Open Regionalism）である。これは文字どおり解釈すると、域外にも開かれた地域、つまり地域のみを優先しないという主義、と考えられる。そうでなければ、「開かれた」というまくら言葉の意味合いが無くなってしまうであろう。しかしこの言葉の意味合いをめぐっては、ＡＰＥＣの設立当初からメンバー間での認識のギャップ（分断）が存在していた。一九八九年のオーストラリアにおける第一回ＡＰＥＣ閣僚会合において打ち出されたＡＰＥＣの基本原則（メソレベルの特質）は以下のとおりとされた。

（一）世界的な多角的貿易体制を支持し、貿易ブロックの形成を目指すものではない。
（二）社会経済体制や経済の発展段階の相違など、この地域の多様性に配慮する。
（三）コンセンサスを重視し、平等の参加と相互の利益を重視する。
（四）ＡＳＥＡＮなど既存の組織とは相互補完関係を築く。

これらのうち、項目一がＡＰＥＣの持ついわゆる「開かれた地域主義」という経済力学である。多角的貿易体制とは、マクロな意味での世界貿易機関、ＷＴＯ（当時は関税貿易一般協定、General Agreement on Tariffs and Trade：ＧＡＴＴ）における最恵国待遇に基づいた貿易自由化交渉を指しており、日本も一九九〇年代の後半まで、この多角的貿易自由化の体制を堅持していた。しかしＷＴＯでの多角的貿易自由化交渉が加盟国の相互の牽制で停滞するに及び、日本はこの方針を転換して多角的貿易体制とともに二国間の自由貿易協定を選択的に推進する「重層的」な貿易体制へと移行することとなった。そして二〇〇二年に日本はシンガポールとの初の自由貿易協定にあたる「日本・シンガポール新時代経済連携協定」（Japan-Singapore Economic Partnership Agreement：ＪＳＥＰＡ）を発効させ、二国間の経済連携の動きは加速した。

このことの背景には、アメリカが一九九四年に北米自由貿易協定(NAFTA)を締結し、いわば「閉ざされた地域主義」へと移行したこと(マクロ的な地域主義の機運の高まり)と確かな因果関係がある。そして二〇一〇年代になると、APECを母体にブルネイ、チリ、ニュージーランドおよびシンガポールという「小国」間で締結されたTPPに米国が大きく関与するようになり、TPPの性格は「開かれた地域主義」のAPECを母体としながらも、参加国のみに関税撤廃などの優遇措置を与える「閉ざされた地域主義」へと性格を変えていった。さらに二〇一七年に始動したアメリカのトランプ政権は「自国第一主義」の主張を掲げ、TPPであっても米国を利することにならないとの理由により、いわば突然これまでの交渉メンバーとの関係性を断ち切るように、TPP交渉からの離脱を表明・実行した。このように広くアジア太平洋地域においても、国家主体が行う地域統合の離合集散には、ミクロ的な主体の行動原理がマクロ的な規範に影響を与えている。

ASEANを含めたアジア太平洋地域の地域統合をめぐる状況を階層的な相互連関の表として暫定的に示すと、次頁の表4-1のようになる(他の地域においても同様の試みが可能であるが、紙幅の関係でアジア太平洋地域のみを事例として示す)。ここでは地域統合の関係性を具体的に論じるための枠組みの例を示している。表中の矢印は各階層内および階層間の影響力の有無と強弱(太さで表現)を表す。同表では、メソ的な項目(国家目標・政策)が地域統合の消長に大きな影響を与え、また同時にミクロ的にみた項目(国内での騒乱状態)による世論の地域的なばらつきがメソ的な国家目標・政策の変容に影響を与えていることを例示している。細い矢印も同様に、相対的にはより小さな影響力であるが因果関係

表 4-1　アジア太平洋地域の地域統合をめぐる階層的な関係性

作用素＼被作用素	マクロ的帰結	メソ的帰結	ミクロ的帰結
マクロ的要因	統合要因：国際貿易の発達，インターネットの普及，経済連携(FTA) 分断要因：領土・領海問題，政治経済社会面でのイデオロギーの相違	統合要因：WTO 停滞による複数国・二国間貿易協定の隆盛 分断要因：WTO の機能低下，過去の大戦に起因する見解の相違，民族・宗教間による対立，格差と貧困問題，模倣品問題，貿易の自由化と保護貿易主義	統合要因： 分断要因：
メソ的要因	統合要因： 分断要因：米国による地域統合の見直し	統合要因： 分断要因：ASEAN 加盟国内の異質性(温度差)	統合要因： 分断要因：
ミクロ的要因	統合要因： 分断要因：米国における自国中心的なトランプ政権の誕生	統合要因： 分断要因：国内での騒乱状態	統合要因： 分断要因：反政府武装勢力と政府軍の対立

出所）　田代佑妃氏の原案をもとに加筆.

の所在を示しており、時に地域統合の関係性をめぐる大きな分岐点となる。関係性を重視した地域統合の分析にあたっては、このような、同時に進行する階層間の因果連鎖を可能な限り考察していくべきと思われる。

中東における「地域統合」[1]

中東において大国の軍事介入が頻繁に紛争解決オプションとして採用される背景として、地域内解決メカニズムが破綻している点が指摘できる(本シリーズ第三巻・第九章を参照)。地域統合体は紛争の地域内解決の機能を提供しうるものと考えられる。中東における地域統合を切り口とした国際関係の不安定要因と安定化政策の解明は、現在国際社会が抱えるさまざまな紛争や衝突など喫緊の課題に対して、原因の包括的な解明と解決策を模索する上できわめて重要である。

地域統合体が果たす役割は、経済関係の密接化や民主化促進に留まらない。国家主体レベルからの地域形成力学に孕む問題(格差や分裂)の解消を目指して、民主化移行国の市民社会が越境的ネットワークを形成し多様な活動を展開していることに、国家主体間統合体である地域統合体は、無縁ではない。こうした地域形成に関わる国家の枠組みを超えたネットワークには、犯罪行為を含めた非合法な経済社会活動も含まれ、ドラッグ交易やヒューマン・トラフィッキングなど広域にわたる犯罪行為に抗して、国家間の経済的地域統合体が安全保障同盟的役割を付与されていくケースもみられる。典型的な例が広域テロ・ネットワークに対する国家間の対応であり、ペルシア湾岸産油国に限定した同盟関係であったGCC(湾岸協力会議)が、近年「アラブの春」や地域内覇権抗争の激化に対応して、シリア内戦に関連した軍事同盟的な性格を付与されているのは、その例である。

しかし中東における一種の地域統合であるGCCは、組織体としては「名ばかり」であり、実際にはほとんど「地域統合」の体をなしていないという指摘もあり、GCCを取り巻く状況分析にあたっては、石油と移民を媒介とした中東地域秩序の変化が地域統合の実態として重要である。

中東における「地域統合」に関連する動向として、米国のトランプ大統領はサウディアラビアを二〇一七年五月に訪問し、イスラーム諸国の連携による「中東版のNATO(北大西洋条約機構)」の創設を呼び掛けているが、イスラーム国と個別国との関係性が新たな連合体(地域統合体)を創出させる可能性がある。米国の国家元首がサウディアラビアを訪問し、その後イスラエルへ直行することは、それまではありえなかったが、イスラーム教スンナ派過激組織「イスラーム国(IS)」の台頭により、両国間の関係性に変化が生じている。またサウディアラビアを筆頭としたアラブ諸国と(非アラブ系の)イランおよびトルコとの三者に加えてイエメン(イスラーム教スンナ派の元大統領と、イランの支援するイスラーム教シーア派の新政権が対立し、サウディアラビアなどが軍事介入した)をも巻き込む主体間の関係性も重要な考察事項となっている。「イランを敵」とするサウディアラビアの被包囲感をあおる状況も出てきている。さらに「アラブ連盟」も一種の地域統合体を指し示す概念であり、中東においては重要である。

EU(欧州連合)をめぐって

ヨーロッパでは周知の通り、EUという「先駆的」なメソレベルの地域統合の試みが、まさに今危機に瀕している。(2) その背景にあるのは、文字通りグローバルエリートによる、各国国民の意向とかけ離れた「統合」プロジェクトの困難と言わねばならない。反EUの動きを、単にポピュリズムに先導されたナショナリズムの反動と見るのは一面的に過ぎる。

近年のヨーロッパ各国のポピュリズムに典型的にみられる現象は、いわゆる既成政治批判と並んで「反イスラーム」が旗印となっていることである。「ヨーロッパとイスラーム」の関係が現代ほど、前面に出されたことはなかったのではないか。しかも現代のポピュリズムは、男女平等や政教分離という進歩的な理念を前面に出し、その「ヨーロッパ的」理念のゆえにイスラームを批判する、という論法を採る。これはかつての人種主義的な極右と大きく異なるところであり、その「近代的」論法のゆえに、極右とは相いれない層の支持を得ることにも成功している。いずれにせよ、個々の国と国の関係を超えた「ヨーロッパとイスラーム」の関係を問うことは、まさにグローバル関係学の重要な課題である。またEUの動向と比べると、ASEANのような加盟国の合意を前提とした統合方法は、時間はかかるものの、反発の少ない着実な統合であるようにも見え、グローバルな関係の中で、地域統合のマクロな比較も可能ではないかと思われる。

三　地域統合をめぐる関係性のモデル化の例

前節でみたような地域統合を構成する国々の間の関係性は、歴史的な「権利主張」と「譲歩」の中で、一定の許容範囲においては安定的となるが、許容範囲を超えると突然分断へと変化する。その関係性の分断には、主体間の認識のずれが影響を及ぼしている(お互いに異なった好き嫌いや世界観を持っていることにより、その違いが地域統合での不信感をループ的に助長する)。

本節では、地域統合の関係性が階層的な要因により唐突に「分断」される状況について考察する。地域統合を行う主体間の「関係性」の断絶、とりわけ自由貿易主義から保護貿易主義への突発的な移行を現実社会の複雑性(あるいは一筋縄ではいかない「非線形性」という性質)に照らして考察してみたい。

関係性を重視する地域統合では、一国中心主義すなわち自国の効用(利益)のみを高めようという行動原理が優勢となる。国を超えた市場の統合による輸出機会の拡大は利益の例であるため、一定の譲歩を行ってでも地域統合を成立・維持させようとすることが自国にとって有利となる。しかし逆に輸入拡大を強いられたり、国内のミクロ的な要素、例えば産業団体や民族主体の多様性、独自性への偏向が懸念されたり、マクロのレベルで米国のような大国が自国中心主義を打ち出しているような場合には、それに影響されて、自国もやはり譲歩せずに特定の地域統合の交渉において、主張の度合いを高めることになる。地域統合を構成する複数の国家およびその内部の企業・家計などの何らかの「関係性」を考慮しなければ、平和的かつ相互に利益となる地域統合にはならない。以下では次頁の図4-4の枠組みを参照しながら、複雑性(非線形性)の視点より考察する。この図において、主体1(国家、民族集団、個人など、「主体」としてさまざまな文脈が想定できる)が主体2に対して権利を主張する場合、主体2から得られる利益は増加し、逆に主体1が主体2に譲歩する場合には、主体1の利益は減少する。そこで、権利主張と譲歩の度合いを示す変数 X_{12} を導入し、X_{12} が正であれば、主体1は主体2に権利の主張を行い、負であれば主体1は主体2に譲歩を行っている状態であると考える。同様に主体2の主体1に対する権利主張もしくは譲歩の度合いを示す変数 X_{21} を導入し、その値が正であれば、主体2は主体1に権利の主張を行い、負であれば主体2は主体1に譲歩を行っている状態であると考える。

主体1の主体2との関係において得られる利益を U_{12} とすると、

$$U_{12} = a_{11}X_{12} + a_{12}X_{21} \quad (ここで\ a_{11}>0,\ a_{12}<0)$$

と表すことができる。

地域統合を行う主体間の少しの権利主張では、関係性はそれほど悪化せず、ある許容範囲であれば、表面的には関係性が大きく悪化しない。しかし許容範囲を超えると「非線形的」に急速に悪化するの

が有利となる。そこで吉田(一九九七)においては、関係性の主観的な度合いを示す変数Rを導入し、主体1の持つ、主体2との関係性についての主観的評価を

$$R_{12}=b_{11}X_{12}{}^3+b_{12}X_{21}{}^3 \quad (b_{11}<0, b_{12}<0)$$

とする。そして利益の追求と関係性の維持それぞれの望ましいと考える目標(イデオロギーとして国益や外交スタンス、さらには民族・宗教的信条により暗黙のうちに了解されている)との乖離の大きさとして、

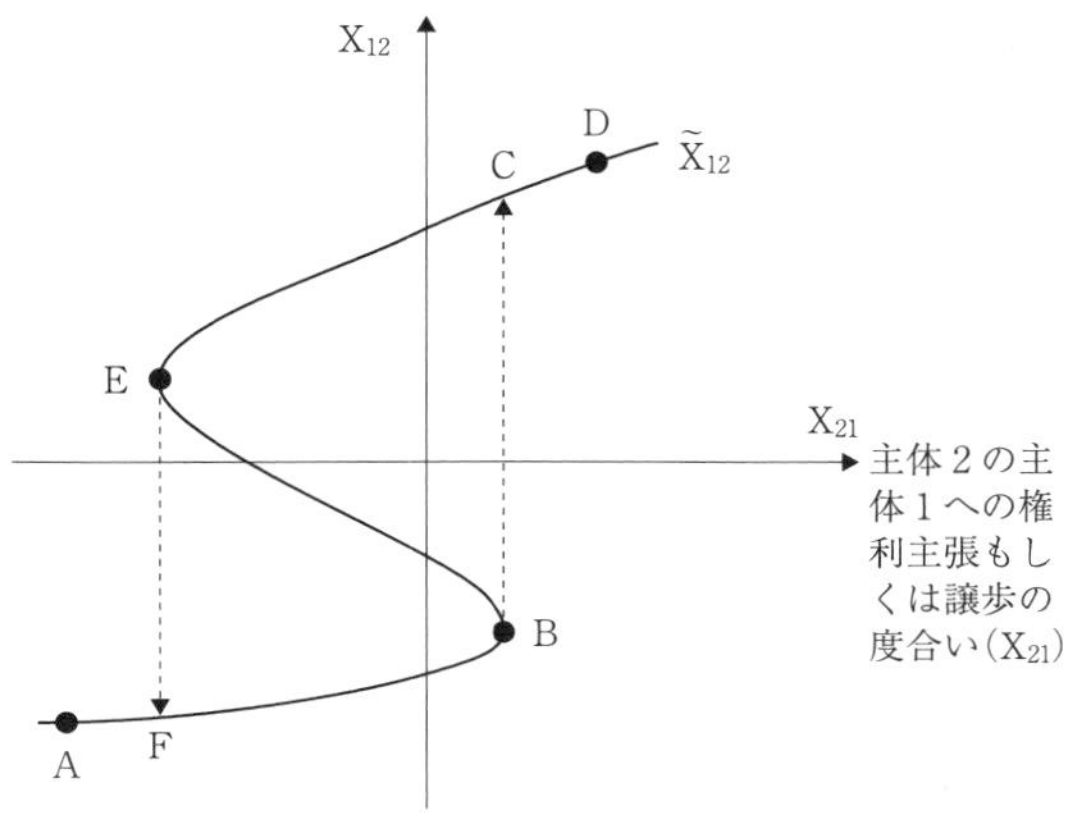

出所) 吉田(1997), 図(2-4)

図4-4 関係性を重視した状況下での主体1の実行可能な最適行動曲線

$$V_{12}=(U_{12}-\bar{U}_{12})^2+(R_{12}-\bar{R}_{12})^2$$

を考え、これが最小化されることを目指すことが主体1の実行可能かつ最適な行動となる。

この行動原理により、吉田(一九九七)は関係性についての目標値が相対的に大きい場合(社会的な関係性を重視する度合いが高い場合)に対応した、関係性を重視した状況下での主体1の実行可能な最適行動曲線を導出している。曲線は、実行可能な最適行動の組み合わせを表す。この曲線の形状が示すように、主体1は主体2が点Aから出発して譲歩から権利主張へと水平方向に関係性を変化させていった場合でも、点Bに至るまでは大きく権利主張

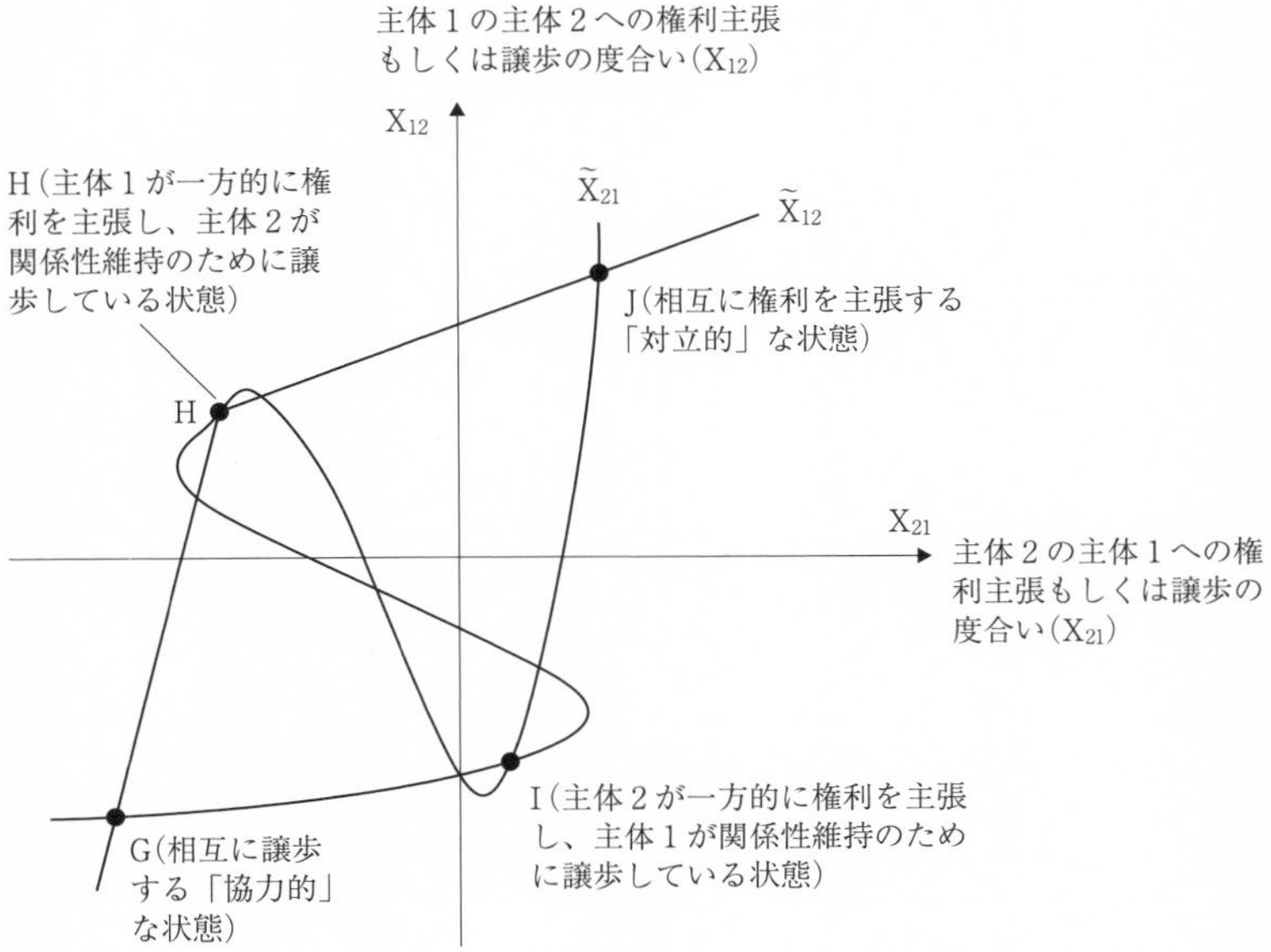

出所) 吉田(1997), 図(2-7)より作成

図 4-5 関係性を重視した状況下での主体1および主体2の実行可能な最適行動曲線と均衡

の度合いを変えることはない。しかし点Bの水平座標を超えて主体2が権利主張を行った場合には、主体1は点Cへと急に転換し、さらに主体2が主張の度合いを強めた場合には点Dへと移行していき、主体1は主体2に対してさらに権利主張を行うこととなる(そして同様のことが主体2についても当てはまる)。このような貿易をめぐっての権利と譲歩の関係性の急展開が、自由貿易主義から保護貿易主義へと世界的な潮流が遷移することの根底に存在しているように考えられる。

さらに吉田(一九九七)は主体1と主体2を組み合わせた図4-5のような状況をもとに両主体の関

係性を論じている。これによると、図のG、H、I、Jの四つが安定的な均衡点となる。Gは相互に譲歩する「協力的」な状態、Jは相互に権利を主張する「対立的」な状態である。一方、H、Iはどちらかの主体が自身の目指す利益の目標を引き上げれば容易に消滅する脆弱な状態である。例えば主体1もしくは2（これらは政府、あるいは民族グループを指すと考える）のいずれかの政治経済上の方針転換に対応して自身の目指す利益の目標水準を変更することで、HおよびIは消滅する可能性があり、結果的に主体1と主体2の関係性は突発的に不安定化していくといえる。すなわちカタストロフィ（関係性の破局）が起こることとなる。主体間の関係性が主体の特質、アイデンティティーを決定するという見方である。

政治経済的な地域統合、例えばEUおよびASEANのプロセスでは、メンバーとなる異なる主体同士が互いに関係性を維持しながらも関税率の引き下げスケジュールや投資自由化の度合いなどに関する互いの権利主張を行っている。関係性を断絶させてしまうことを可能な限り回避しながらも、自らの目標とする利益を地域統合により確保しようという行動が常にみられる。(3)「関係性の破局」が起きやすいのは、点Hや点Iのように、どちらか一方の主体のみが権利主張を行い、もう一方の主体が関係性維持のみのために譲歩している状態である。これらの状態では、「揺らぎ」として、偶発的な事件が些細なレベルで起こっただけでも、譲歩している側の「堪忍袋の緒が切れる」、すなわち「臨界点」を超えて点Hや点Iが消滅してしまうことにもなりかねない。交渉を行う主体間では、やはり「協力的」な状態（点G）を目指すことが望ましい。「目には目を」、「対立」には「対立」を、という報復主義的な関係性を超え、関係性を重視したあり方、いわば関係性の手段視ではなく本質視（吉田一九九七)が重要である点が浮かび上がってくる。[4]

しかし現実的には、むしろ「対立的」な状態(点J)が均衡となってしまうことも多い。これはなぜであろうか。次節においては、道徳哲学者であり経済学の父とされるアダム・スミスの論じた「自己愛」と地域統合をめぐる対立的な状態について検討する。

四　地域統合の最小構成単位としての個人の道徳感情の根源と関係性

本節では、地域統合体も含めた、社会というもの一般の安定性に関する考察を参照する。社会の安定性についてはいうまでもなく社会学のメインテーマの一つであるが、[5] 社会の安定性をミクロ的な個人の倫理的側面から論じたアダム・スミス(二〇〇三)による道徳感情の理想的あり方をめぐる議論は、自由貿易と保護主義の意見対立が表面化している状況を読み解く意味で大きな現代的意義を有する。スミスのいう道徳感情の理想的あり方とは、心が平穏な状態(平常心を持った状態)である。物質的に貧しい局面では、分業による自由競争の重要性が強調され、他人の利益を損なわない限りにおいては、自己愛(スミス二〇〇〇)に基づく競争が容認されるべきであるが、経済活動が独り歩きするほど勢いを得た段階では、物質的豊かさを追求するために自己愛のみが突出する経済のあり方が幸福と反する場合も出てくるため、社会の制御機能として共感原理の重要性が強調されるべきである。すなわち、スミスの道徳哲学においては、共感原理と自己愛の原理は一体的にとらえられていたように思われる。

ここでスミスは、社会秩序が人間によって意図されたものだとは考えておらず、社会秩序は「自然」によって意図されたものであり、人間は「自然」の「見えざる手」に導かれて行動するにすぎないとする。そして人間の集まりを社会秩序に導くのは、人間の中にある諸感情の作用であるとしている。もちろん、人間は常に一般的な諸規則から逸脱する可能性を持っている。人間には賢明さ（一定の合理性）と弱さ（恐怖を感じるなど）があり、人間の中にある「弱さ」のため、「自然」が意図する完全な社会秩序は（堂目二〇〇八：六六―六七）、これまでのところ地域統合体を事例にしてみても、実現したことがないようである。

人間主体の限定された合理性ゆえに、例えば自由貿易によって職を失うのではないかという「恐怖」やそれに耐えられない「弱さ」に起因する近視眼的な行動が優先されると、地域統合は不安定化する。恐怖は基本的に主観的なもので、事物に端を発しつつも、あくまで実体として把握しきれないものだけに、増大しやすいのであろう。幸福感とは対極に位置する、究極的にいうと死への恐怖（Smith 1817: 8）は人間主体につきものであり、人間の完全合理性を仮定し効率性のみに価値基準が偏った人間像には、修正すべき点が多い。そして個人↔社会の関係性と同様に、国家↔国家間の地域統合体の関係性にも同様の視点を当てはめるならば、国家主体も、限られた情報に基づいて地域統合を通じた国家間の関係性を評価せざるを得ず、その「弱さ」ゆえに、国レベルでの自由貿易主義から保護主義の突然の変化が地域統合体をめぐって観察されることになる。

地域統合による他国との関係性の維持は、市民レベルでの心理的幸福に起因している。もちろんミクロなレベルの幸福とマクロな社会の幸福（もしくは厚生水準）は区別される必要はあろうが、やはり個人の地域統合に抱く想いが波及し、マクロの地域統合レベルへの市民の評価につながっており、経済体制の選択やデモ、さらにテロや領土問題をめぐる軍事介入などに発展していく。不完全な情報と限定された合理性の中で、行為主体の主観的な側面も含めた関係性を構築していくことが、地域統合の関係性を分析する際にも極めて重要である。

おわりに——政治経済的地域統合と「関係性の学理」についての小括と展望

本章では、政治経済的地域統合を事例に、「関係性があって初めて主体のあり方が規定され、同時に主体のあり方が逆に関係性へ作用を及ぼしている」、という関係性についての学理を試論として提示してみた。グローバル社会の階層構造は、いくつかの層が入れ子となった構造である。「個人↓家計↓社会や地方自治体↓国家↓地域統合体↓超国家的システムおよび国際規範」といった各階層の主体と思われるものに名前を付け、それぞれの階層内のみにおける相互作用を論じていくのが通例であるが、そのアプローチでグローバル社会の現実を捉えるには限界があり、ミクロとマクロをつなぐメソの部分や、ミクロ的「個人」の中でもさまざまな情念や思想性が個人の行動に予測不能な大きな影響を与え、階層間の相互作用（関係性）が主体のあり方を規定しながら同時に関係性を変容させているのである。地域統合をめぐる各主体間の関係性を超えた、ミクロとマクロを自由に行き来する形で関係性と主体の特質のあり方を論じることが必要である。

近年の地域統合体の特徴として、国家を主体として経済的効率性、協力関係の強化や民主主義の地域全体としての推進といった側面とともに、非国家主体のネットワークに対応して統合体の性格を変質させていくという側面が重要となっている。地域統合体を「階層構造をもったシステム」という形で理解し、上位システムとしての地域統合体(マクロ)、国家主体(メソ、国家間連合としての地域統合を含めることもありうる)、サブシステム(ミクロ)という階層構造が層を超えて影響を与え合う。他の階層における動向が地域統合に予期しない形で不安定性を与えたり、逆に地域統合を予期しない形で促進したりすることがあり、それを可能な限り学融合的に研究していく必要がある。

前述のように、グローバル関係学の重要な視座の一つとして、地域統合体あるいはその類似型としての何らかの国際的な主体間連合の持つ「多様性(あるいは異質性)」にはある「許容範囲」、「臨界点」というものが存在すると考えられる。上述の東南アジア、中東およびヨーロッパにおける「地域統合」を取り巻く関係性からはそのことがうかがわれ、重層的な地域経済統合は国家間の緊張関係の源泉となっている。貿易・投資による国際的な分業という形で経済的な関係性が時に地域統合を促進する一方、基本的価値(民主主義、人権の尊重)や思想・宗教的な面での文明・文化間の「差異性」は、地域統合体の安定化と不安定化の境をなす「臨界点」に達しやすい事象であると考えられる。そして臨界点においては、「感受率(揺らぎの影響度)」が大きく、貿易摩擦や産業団体からの政策支持・不支持の表明、地域的なデモなど、小規模の「揺らぎ」がシステム全体の揺らぎへと拡大することにつながる。サブシステムにおける一定程度までの多様性は「比較優位」として国家間の地域統合にプラスの影響を及ぼすことと想定されるが、ある「臨界点」を超えた多様性は、当該地域統合システムの不安定化につながり、新たなシステムの創発を要請することとなるのである。

そのような関係性の臨界点はどこか、ということを考察することは、関係性と主体の相互依存性という特質に加えて地域統合をめぐる関係性の「危機」をとらえることにつながり、重要な研究課題である。階層、民族、宗教などの側面から地域統合のあり方を実証的に研究し、そこから地域統合をめぐる関係性の学理へのフィードバックが与えられることを期待したい。また地域統合の分断をめぐる関係性の分析にとどまらず、関係改善のためのいわば「特異点」、関係性の分断と統合を決定づける「焦点」の同定とそこへの「介在の方策」(政策スタンスのあり方)についても「グローバル関係学」の重要な研究課題である。

注

(1) 本項の記述は計画研究A02「政治経済的地域統合」メンバーの池田明史氏および松尾昌樹氏からのコメントを加えたものである。また池田(二〇一六a)、池田(二〇一六b)および経済倶楽部(二〇一六)も参照した。
(2) 本項は主として水島治郎氏のコメントに基づく。
(3) 関係性の揺らぎの帰結として、主権国家間で領土が「伸び縮み」する可能性が出てくる。二つの主権国家間の権利主張と譲歩の在り方によって、領土の所属が決定されるのである。
(4) また、点Gは二つの曲線の形状からして、大きく変化することのない「安定的」「頑健的」な点である。
(5) 例えばルーマン(一九八四)は、社会システムの構造変動について、「オートポイエーシス」すなわち社会内の関係性が構造を自己組織的に(社会外部からの操作ということでなく)創り出すという視点から、社会の安定性と不安定性を議論している。

参考文献

池田明史（二〇一六a）「溶解する中東の国家、拡散する脅威」、『アステイオン』八四
池田明史（二〇一六b）「中東の混沌――「アラブの春」と「イスラーム国」の狭間」、日本国際問題研究所『安全保障政策のリアリティ・チェック――新安保法制・ガイドラインと朝鮮半島・中東情勢 中東情勢・新地域秩序』
経済倶楽部（二〇一六）「アジア平和貢献センター共催シンポジウム 溶解する中東――なぜ混乱は拡散するのか」経済倶楽部講演会第四一四六回（二月五日）
スミス、アダム（二〇〇三［原著一七五九］）『道徳感情論（上・下）』水田洋訳、岩波文庫
スミス、アダム（二〇〇〇［原著初版一七七六、原著第五版一七八九］）『国富論（一）』水田洋監訳、杉山忠平訳、岩波文庫
堂目卓生（二〇〇八）『アダム・スミス――『道徳感情論』と『国富論』の世界』中公新書
水島治郎（二〇一六）『ポピュリズムとは何か――民主主義の敵か、改革の希望か』中公新書
吉田和男（一九九七）『複雑系としての日本型システム――新しい社会科学のパラダイムを求めて』読売新聞社
ルーマン、ニクラス（一九八四）『社会システムのメタ理論――社会学的啓蒙（ニクラス・ルーマン論文集２）』土方昭監訳、新泉社
Smith, Adam (1817) *The Theory of Moral Sentiments*, WELLS AND LILLY.

II

「関係性」をどう分析するか

第5章 グローバル時代の複雑化するネットワークのビッグデータを活用した「見える化」

水野貴之

はじめに

二〇一五年の初頭、二人の日本人がひざまずいてテレビに映っていた。その間にはナイフを手に持った黒い頭巾の男が一人、彼はテレビを見ている我々に向かって、数千キロ離れたお前らは遠い世界で起きている他人事だと思っているであろうが、我々はいつでも、お前らの喉元にナイフを突きつけることができるんだと、そのようなことを言っていた。もちろん、彼は、脅しや警告のつもりで言ったのであろう。しかし、現在のグローバル社会を理解すると、それはあながち嘘ではない。我々は、複雑な経済や社会のネットワーク、すなわち、人々や組織、企業、国といった、それぞれの関係性を通じて密接に繋がっている。

グローバリゼーションが叫ばれてから、ずいぶんと時間が流れた。一八七〇年から一九一四年には交通が発展し世界中で一人あたりの所得が急上昇した。また、一九五〇年から八〇年には先進国の経済統合が進んだ。そして、一九八〇年頃からは、途上国の世界経済への統合が進んでいった。では、二〇一〇年代に入ってからのグローバリゼーションは、これまでと何が違うのだろうか。実は、デジタル空間と物理空間が繋がり、物理空間を越えて人々や企業が繋がるようになったことが大きい。

インターネットによって伝えられる外国の情報や、それに付随した価値観は、自国の伝統的な文化や社会制度に対する認識を劇的に変化させ、「アラブの春」を引き起こした。また、ある特定の国が寛容だという情報は、その国に多くのシリア難民を引き寄せてしまった。どこに安い原材料や製品があるのか、どこに安い労働者がいるのか、どこに製品を欲しがっている人々がいるのか、インターネットによってもたらされるビジネス情報は世界中に仕入先や販売先を分散させた。世界中から、投資マネーを集めたい企業は積極的にプレスリリースをインターネットに載せ、世界の投資家が、見たこともなく行ったこともない地域の企業に投資し、企業のオーナーが国境を越えた。ＩｏＴ、金融システム、クラウド、ＳＮＳ、ＷＷＷ、ネットメディアといったデジタル空間のインフラは、物理的な距離を越えて、グローバルに人々や組織、企業、国を繋げていっている。高度にデジタル空間と物理空間が融合したグローバル社会は「Society 5.0」と呼ばれている。

デジタル空間と物理空間の融合によって、社会や経済の繋がりは複雑になってしまった。例えば、企業は、できるだけ効率的に世界中から製品を仕入れ、世界中に製品を販売できるように、日々、取引先を探し続け、サプライチェーンを組み替えている。その結果、世界中の多くの企業は、お互いに無意識に繋がることができるようになった。繋がることは良いことだけではない。国が異なれば法律も異なり、ある国では児童労働でも、ある国では大切で合法な労働力であることもある。また、ある国では環境に対する意識が低いために、我々が見ると驚くような、環境破壊が合法的におこなわれていることもある。我々は兵器を作ることはできないが、世界には兵器を作る優良企業が山のように存在する。我々の仕入先の仕入先が児童労働や環境破壊をしているかもしれない。また、販売先の販売先が、兵器を作っているかもしれない。無意識に繋がってしまうということは、このような意図せずに加害者になるリスクが存在することを意味する。

これはなにもサプライチェーンだけの問題ではない。複雑にグローバル化した金融商品は、投資先の取引先を把握するのを困難にし、同じく、グローバル化したＳＮＳでの何気ない一言が、伝言ゲームのように変化し伝わり、民族の対立を引き起こすことも起きている。児童労働や環境破壊、兵器、民族対立は人々の尊厳を脅かしてしまう。我々は、意図せずに世界中で人間の安全保障を脅かしているかもしれない。このようなリスクを無くすことを考えなければならない。

本章では、第一節で、企業間取引における物やお金のグローバルな流れ、人々のグローバルな移動、世界中で報道されるニュースなどを捕捉するビッグデータについて紹介する。第二節では、企業間の繋がりをネットワークとしてとらえ、世界中の企業が、お互いに簡単に繋がるスモールワールドという特徴を持っていることを示し、その結果、無意識に問題のある企業とも繋がっていることを指摘する。第三節では、ネットワークが持つコミュニティ構造が、グローバル化と分極化の両方を生成していることを示す。第四節では、問題のある企業が集中するコミュニティが存在し、このコミュニティと世界を繋げるブリッジ企業で検査をかけることで、効率的に問題のある製品を止められることを示す。最後に、まとめと今後のグローバル社会の変容を考察する。

一　ビッグデータ

デジタル空間と物理空間の融合が、新たな社会問題を引き起こしてしまったが、それを解決するための材料を提供してくれるのもSociety 5.0である。世界中の企業や投資家は、どこにお買い得な仕入先や顧客がいるのか、各企業の資産価値は、どれほどあるのか、どこに投資リスクが存在するのか、常にそのようなビジネス情報を欲しがっている。需要があれば、供給が生まれる。このような情報を集めて販売する企業が世界中に存在する。彼らは、世界中で提出される有価証券報告書、株の大量保有報告書、企業のウェブサイトに掲示されるプレスリリース、世界中で報道されるニュースに目を通し、企業関係者の講演会でメモをとり、企業関係者にヒアリングをおこない、さらには、外国からの船荷に添付された関税のための書類をも調査するなどして、どの企業が、どこと付き合っているのかというビジネス情報を集めている（URL①、URL②、URL③）。このような情報を相互に接続することによって、企業間を流れるグローバルで複雑な財やお金、証券の流れを把握することが可能になっている。

世界中で報道される膨大なニュースは、ロイターやブルームバーグといった情報ベンダーが提供するプラットフォームを介して読むことができる（URL④、URL⑤）。これらのプラットフォームには、一秒間に数ニュースが流れ、投資家たちは常にチェックをしている。各ニュースには、人為的及び機械的に関連するキーワードが付与されている。投資家たちは、キーワードでフィルタリングすることによって、自身の投資に関連する情報を得たり、フィルタリングせずに機械に読ませて、自動売買をおこなったりもする。ニュースに付与された環境・労働・ガバナンスの問題に関するキーワードを利用して、これらの問題を起こした企業を世界レベルで網羅的に集めることができる（URL⑥）。このデータを、前述のグローバルに企業間を流れる財やお金等のデータと紐付ければ、問題を起こした企業が、我々とどのように繋がっているかを知ることができる。

近年、人々の移動に関するデータの整備も世界的に広がっている。例えば、スマートフォンの位置情報の履歴データ（URL⑦、URL⑧）は、ある店舗の顧客の住んでいる地域はどこかという市場調査や、お店や施設のお客の数を推定することによる不動産投資、防災や都市計画、観光客誘致、難民の把握などに利用されている。交通網の時刻表や旅客の乗客数は、位置情報の履歴データよりもマクロな広範囲の人の移動を捉えることにたけており、感染症の拡散の予測に利用されている。

また、前述の企業間の繋がりのデータと結合することにより、二〇一九年末から二〇二〇年にかけて発生した中国武漢発の新型コロナウィルスによる工場等の停止に伴う世界的な損失の把握も可能である。ウィルスは人の移動に乗って流行が各地に広がり、その地域の生産機能を止める。そして、その地域の生産機能の低下は、企業間の関係性を伝わって全世界に広がる。どの地域で対策することが世界の生産性の低下を軽減できるのか、移動や企業間の関係性から読み取ることができる。つまり、グローバルに繋がった社会では、異なるレイヤー間の関係性、そして同一レイヤー間の関係性と、複雑に関係性が絡み合っており、関係性を紐解くことが、グローバルな問題を解決する糸口となる。

二　スモールワールドとその弊害

グローバルな企業間の関係性、特に、サプライチェーンを例にして、グローバル化の特徴を紹介する。このような特徴は、人々の友人関係やビジネス関係、企業間の提携関係や投資関係、世界に張り巡らされた航空旅客網でも同様に観測されている。前述の企業間の取引関係を収録したビッグデータを用いて、どこの企業がどこの企業と取引関係があるのか、そして、その取引相手の取引相手はどの企業なのか、さらに、その取引相手の取引相手と取引するのはどの企業なのかと、数珠つなぎで取引関係をつなげていく。そうすれば、グローバルな取引関係ネットワーク、つまりは、グローバルサプライチェーンを描くことができる。次頁の図5-1は取引先の多い上位一〇〇〇社のみで取引関係のネットワークを描いた図である(Mizuno et al. 2015)。わずか一〇〇〇社間の取引関係でもネットワークが世界中に張り巡らされていることが分かる。特に、米国と欧州、そして、日本の間で密にネットワークが張られ、その他の地域は、それらにぶら下がる形でネットワークが形成されている。例えば、アフリカの企業の取引先が欧州企業で、その欧州企業の取引先が日本企業となっており、我々とアフリカが簡単に繋がることが分かる。これこそがグローバリゼーションである。

我々は、世界が、どれほどコンパクトに繋がっているのかを計算した。二〇一一年の夏、タイは大雨に見舞われた。そして、チャオプラヤ川は氾濫し、周囲の工業地帯は水没した。この世界のたった一地域で起きた異常気象が、この年の世界の経済損失の八割を生み出した。この事例をもとに、世界

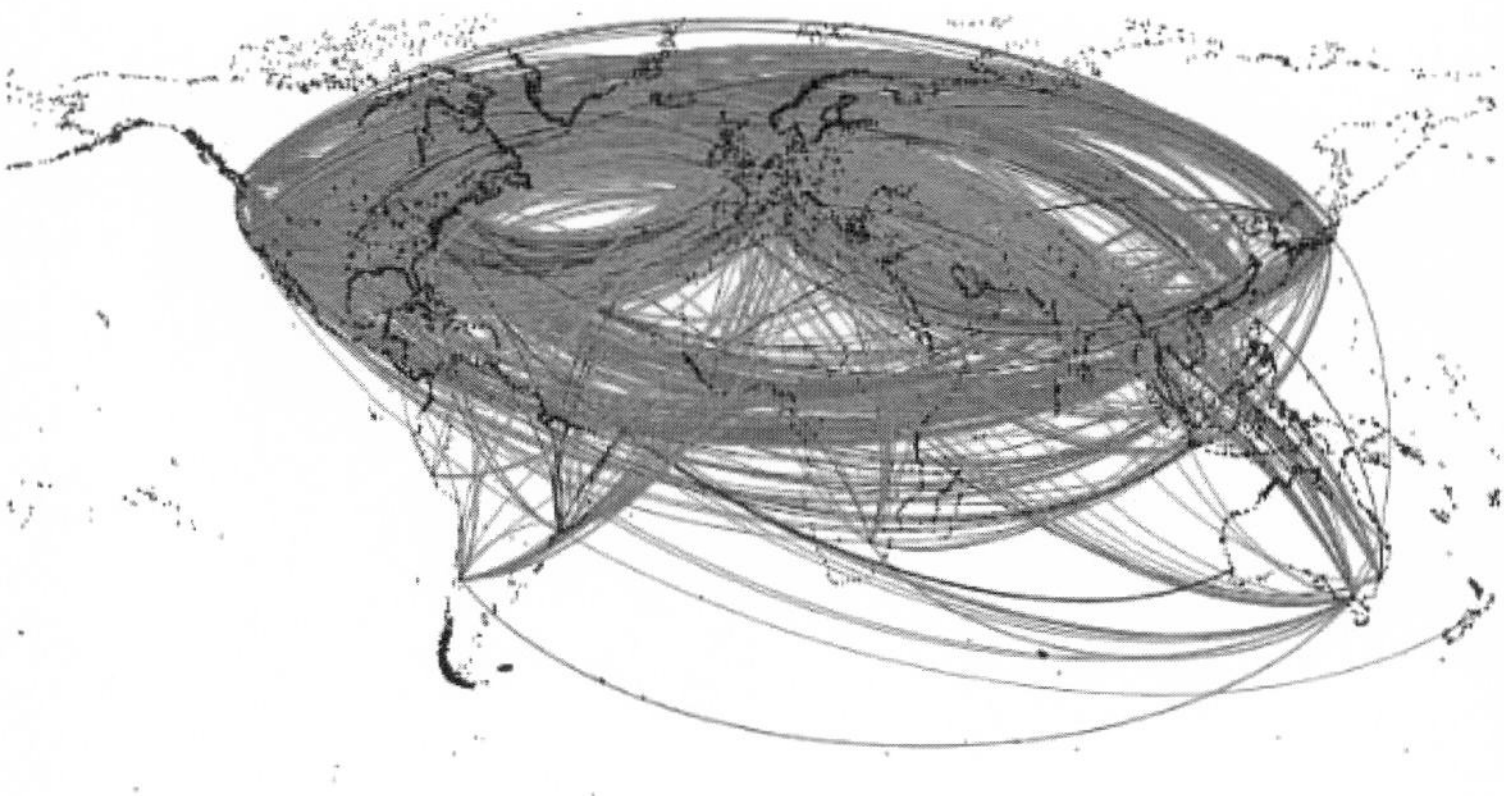

図 5-1　グローバルサプライチェーン

のコンパクトさを示す。図5-2は、世界中の企業の位置を表した地図である。図5-2-1は、水没した工業団地の一つ、アユタヤ工業団地と、その主な直接の取引先である七社の位置を、図中の周辺地域を拡大することで示している。その七社はアユタヤ工業団地の周囲に位置している。では、その七社の取引先、つまり、アユタヤ工業団地の二次取引先を見てみる。図5-2-2が示すように、東南アジアを中心に世界の主要都市に取引先が一気に広がることが分かる。次は、四次取引先である。こうなると、図5-2-3が示すように、世界中のほぼ全ての企業が取引先となる。つまり、アユタヤ工業団地での生産停止が、わずか、四次取引先で世界中の企業にダメージを与えるのである。実際、アユタヤ工業団地では、世界のPCのハードディスクを作っており、生産が停止したことで、世界中のPCの生産がストップした。

アユタヤ工業団地では、四次取引先で全世界のほぼ全ての企業と繋がったが、一般には、六次取引先で繋がることが確認できている。このような、全てとすぐに繋がってしまうネットワークの特徴は、スモールワールドと呼ばれる。

我々はサプライチェーンの下流に住んでいる。そこでは、できるだけ安く物が買いたいとか、できるだけ利率のよい運用先はないかと日々探している。一方で、サプライチェーンの上流には多くの新興国や発展途上国の企業が位置しており、我々からすると子供である年齢の人々が、現地では大切な

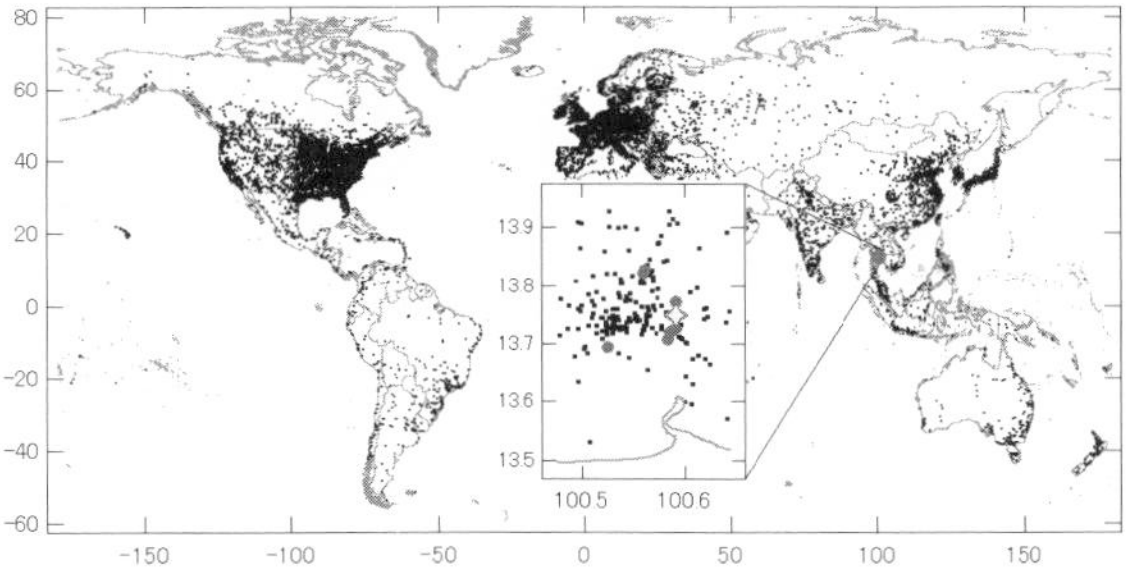

図 **5-2-1**

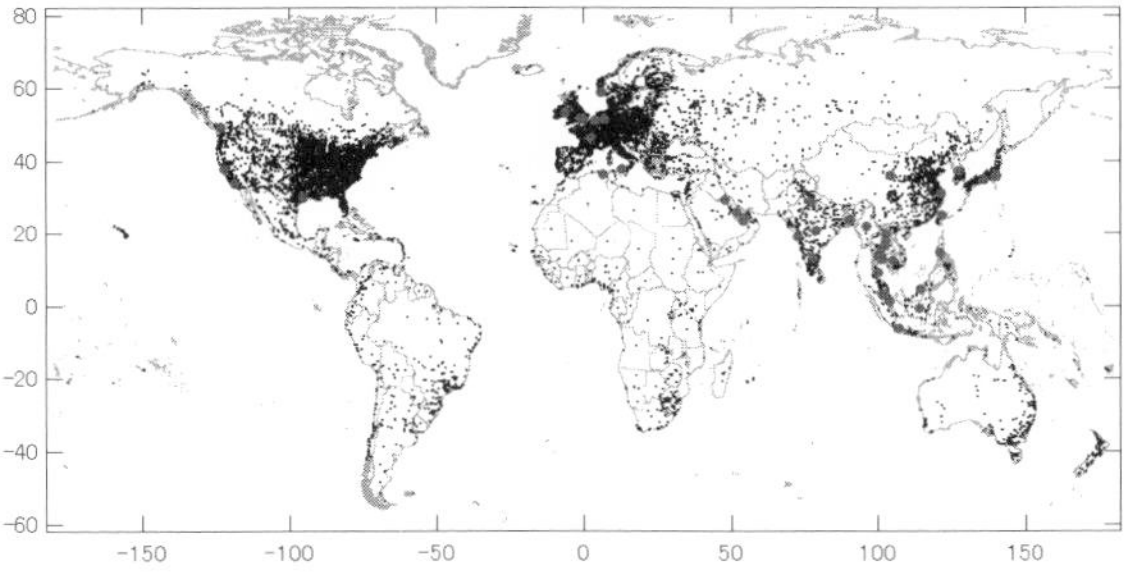

図 **5-2-2**

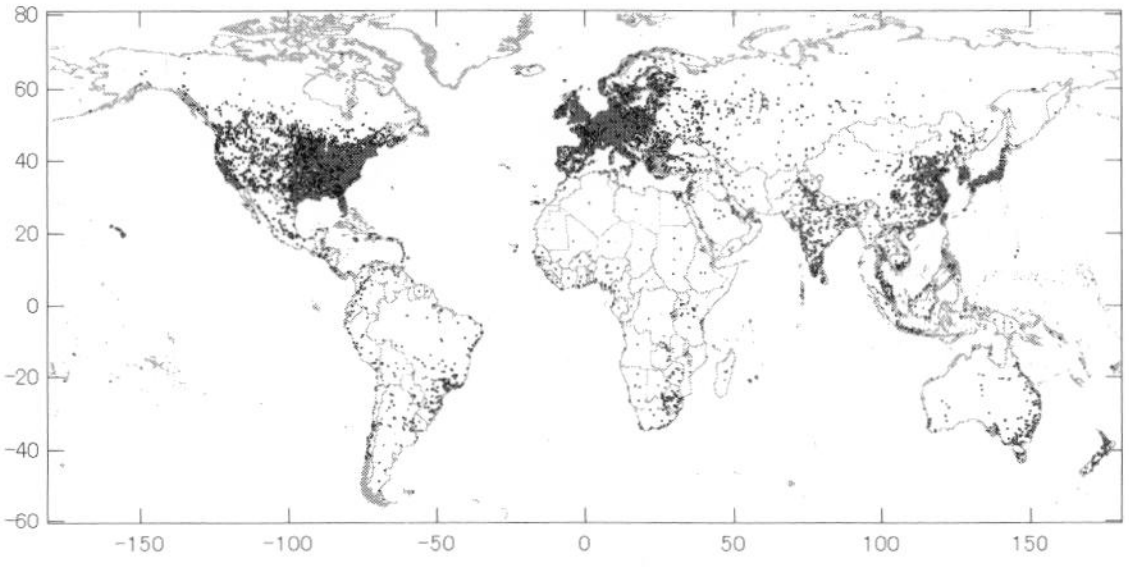

図 **5-2-3**

上から，アユタヤ工業団地の一次取引先(図 5-2-1)，二次取引先(図 5-2-2)，四次取引先(図 5-2-3)

安い労働力として働いている。また、環境基準も緩く、環境破壊も進んでいる。さらに、汚職や違法行為に対する敷居も低い。希少鉱物の売却益を内戦の活動資金にまわしている例も見られる。スモールワールドは、このような世界の負の側面と我々とを密接に繋げてしまうのである。我々が安い物を買って喜ぶかたわらで、子供が教育を受ける機会を奪われて働かされ、我々が利率が高いと喜んだ投資で爆弾が作られ、それが内戦で使われることで、街を破壊された人々がさらに貧困になるということが、我々の隣で起きている。

世界の負の側面を享受することによって、我々が余分な利益を得ていることをデータで示す。全世界のニュース記事から、環境に対して問題ありと報じられた企業を抽出し（URL⑥）、全世界から収集された有価証券報告書に記載されている取引先（URL②）と接続する。そして、仕入先に環境問題を抱えた企業と、抱えていない企業とで、売上に対する売上原価の割合を全ての業種でチェックした。表5-1は製造業での具体的な例を表している。食品、繊維、家具、化学品、電子機器のどれをとっても、仕入先に環境問題を抱えた企業では売上原価率は低くなっている。この傾向は、ほぼ全ての業種で確認できる。売上原価には、原材料費、人件費、設備の運営費などが含まれる。このうち原材料費が仕入先と関係しており、環境問題を抱えた企業は、安く原材料を提供しているのだと考えられる。

表5-1　各製造業における売上原価率

製造業 細目	売上原価率 仕入先に環境問題なし	売上原価率 仕入先に環境問題あり
食品	0.81	0.66
繊維製品	0.87	0.69
家具	0.80	0.65
化学品	0.80	0.56
電子機器	0.80	0.64

つまり、我々は、できるだけ安く仕入れたいという経済性のみを考えて仕入先を選んでしまうと、無意識のうちに環境問題を抱えた企業と繋がってしまい、我々が買えば買うほど、仕入先の生産量が増えて環境破壊が進んでしまう。もし、仕入先に環境問題がなかったとしても、その仕入先の製品が安いのは、仕入先の仕入先に環境問題があり、安く原材料を手に入れているからかもしれない。全世界の企業と六次取引先までで繋がるスモールワールドであるため、各社がサプライチェーンの上流の全ての会社で環境問題がないかを調査するのは、ほぼ不可能である。

三　グローバル化と分極化を両立するコミュニティ構造

スモールワールドの経済ネットワークにおいて、社会の負の側面に我々のお金を流さないようにするにはどのようにしたらよいか。それには、ネットワークの構造を知る必要がある。構造を知ることで、物やお金の流れを制御することができる。

世界は六次取引先までで繋がっている。しかしながら、大多数の日本企業の取引先は日本企業であり、他の国でも同様である。つまり、大多数は地域的に近い企業としか繋がっていない。それなのにもかかわらず、全世界と数取引先で繋がるということは、少数の企業が一手に世界との橋渡しをしていることを意味する。

我々は、同じように、我々と世界とを繋げるハブのあるネットワークをよく知っている。それは、旅客機の航空網である。日本国内の大多数の空港は国内線のみであり、他国でも同様である。しかし、それら国内空港と繋がる少数のハブ空港である、日本であれば、羽田空港、成田空港、関西国際空港、中部国際空港が世界各地のハブ空港と繋がっており、それらハブ空港が、それぞれ対応する地域の多数の空港と繋がっている。だからこそ、我々は世界のどの空港にも数回の乗り継ぎで行くことができる。例えば、鳥取市からフランスのボルドーに行く場合でさえ、鳥取空港、羽田空港、シャルル・ド・ゴール空港、ボルドー・メリニャック空港とわずか二回の乗り継ぎで到着できる。

多くの読者は、世界のグローバル化と分極化を、相反するものであるとイメージしているかと思うが、実は世界は分極しており、かつ、グローバルに繋がっている。大多数の日本の空港は、国内にある複数の別の空港と相互に繋がり、外国の空港とは直接、繋がっていない。この排外的な状況は、他国でも同様である。つまり、各国に国内の航空網のコミュニティが存在し、コミュニティ間はハッキリと分かれている。すなわち、分極化しているのである。そして、それらのコミュニティ間を少数のハブ空港が繋げることでグローバル化が成立している。現在、世界で起きている分断とは、一部のハブがコミュニティ間を繋げる役目を放棄したことで、元々存在していたコミュニティが切り離されてしまったという状況であり、新たな仲間意識が形成されて新たにコミュニティが生まれたというわけではない。

複雑ネットワーク科学において、コミュニティとは、内部ではノード間を繋げるリンクが密に存在し、内部と外部のノード間を繋げるリンクが疎であるネットワーク内のエリアとして定義される。密であるか疎であるかの閾値は、ネットワーク内のリンクがランダムに張られていた場合でのリンク密度を基準に定められる。

ネットワーク内のコミュニティを検出する方法は、いくつか提案されている。ここでは、二〇〇二年に発表されたGirvan-Newmanアルゴリズム(Girvan and Newman 2002)をベースに、コミュニティの検出方法を説明する。

図5-3のようなネットワークがあるとする。ここで、aからwは企業を表し、企業と企業を繋げるリンクは、それらの企業間の取引関係を表す。このネットワークにおいて、企業aから企業gまでがコミュニティ、言い換えれば集団を形成しているようにみえる。また、同じく、企業hから企業wまでもコミュニティを形成しているようにみえる。さらには、このコミュニティは、企業iから企業pまでと、企業qから企業wまでの二つのサブコミュニティを内包しているようにもみえる。

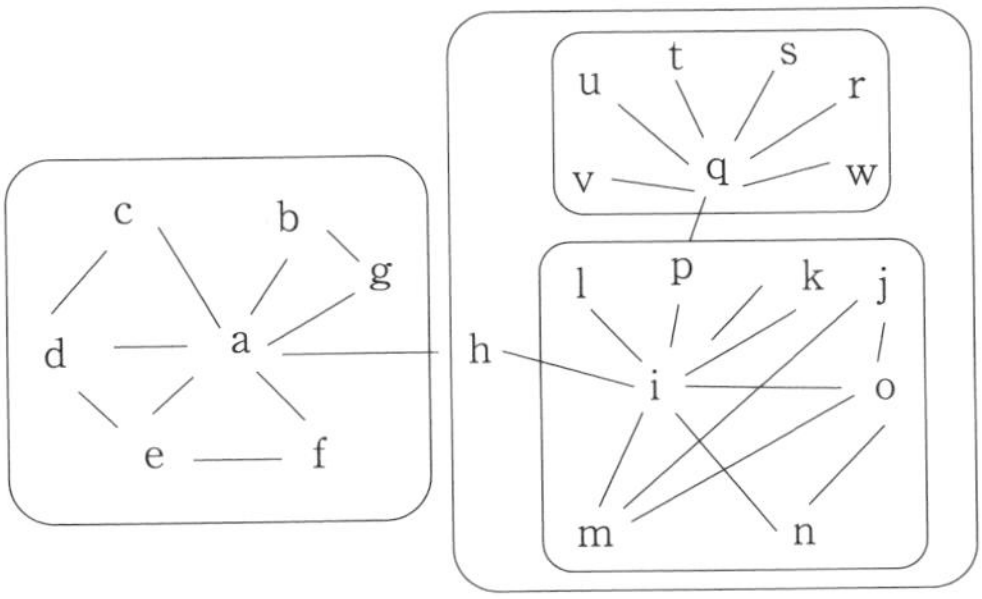

図5-3 ネットワークとコミュニティ

このネットワークにおけるコミュニティ構造を機械的に抽出するには、まず、このネットワークから二つの企業を選び、その二つの企業を繋げる最短経路を探す作業を、全ての企業の組み合わせでおこなう。最短経路上に最も現れた企業を、このネットワークから取り除く。図5-3の場合は企業hである。企業hを取り除くと、ネットワークが企業aから企業gまでで形成されるコミュニティと、企業iから企業wまでで形成されるコミュニティに分割できることが分かる。そして、企業hを取り除いたネットワークについて再度、任意の二つの企業を繋げる最短経路に最も現れる企業を探す。次は企業pである。この企業pを取り除くと、企業iから企業wまでで形成されるコミュニティは二つに分割され、企業iから企業oまでで形成されるコミュニティと、企業qから企業wまでで形成されるコミュニティを検出することができる。

この手順を繰り返すことによって、より小さなコミュニティを見つけることができる。繰り返しを停止する基準は、ネットワークの与えられた分割に対して、「コミュニティ内のノード同士が繋がるリンクの割合」から「リンクがランダムに配置された場合の期待値」を引いた値として定義されるモジュラリティを使って一般的には決める。モジュラリティは〇から一の範囲をとり、このモジュラリティが最大値を示すところで分割を停止する。

モジュラリティは、ランダムネットワークでは〇に近い値をとり、友人関係のネットワークなど、一般的な社会ネットワークでは〇・三から〇・七までの範囲の値を示す。前述のグローバルサプライチェーンではモジュラリティは〇・六二となり、比較的、ネットワークの中に、複数の企業が密に繋がるコミュニティがいくつも存在していることがわかる(Mizuno et al. 2016)。

世の中は、複数のコミュニティに分かれている。これはまさに分極化の特徴である。ここで重要なのは、コミュニティ間を繋げる企業hや企業pの存在である。我々は、コミュニティとコミュニティを繋げる企業のことをブリッジ企業と呼ぶ。このブリッジ企業があるおかげで、お金や物や情報があるコミュニティで滞留せずに、別のコミュニティに伝わる。様々なコミュニティを繋げるブリッジ企業があるおかげで、全てが効率的に繋がるグローバル経済が成り立っているのである。

まとめると、世界には、コミュニティという分極性と、コミュニティを繋げるブリッジ企業というグローバル性の二つの特徴が共存している。世界は、ブリッジ企業を壊せば一気に分極化が進み、ブリッジ企業を増やせば一気にグローバル化が進むようになっている。

四　無責任なブラック・コミュニティへの資金流入を断つには

一般的に社会ネットワークには、「類は友を呼ぶ」ホモフィリー(homophily)という特徴がある。我々の友人関係のネットワークでも、友人には同じ趣味や環境など似た人が多いであろう。企業間ネットワークでも同じで、コミュニティ内には似たような企業が集中している。例えば、チャイナ・プラス・ワンという言葉が製造業では使われる。これは、ある部品を中国から仕入れるだけでは、中国の急激な物価上昇や政治リスクを回避できないので、中国以外の国からも同じ部品を仕入れるという経営戦略である。つまり、同じコミュニティの中に異なる国の同じ産業が入ってくる。グローバルサプライチェーンにおけるコミュニティについて、所属する企業の住所や産業を調査すると、多くのコミュニティは、異なる国の類似した産業で構成されていることが分かる(Mizuno et al. 2016)。つまり、グローバル企業は地域分散型の経営戦略を採用している。

我々は二〇一二年から二〇一七年末までの間に、世界中の膨大なマスメディア(トムソン・ロイター社やブルームバーグ社などが提供する機関投資家が利用する情報端末には、常時、三〇〇媒体以上の世界中のマスメディアが記事を提供している)によって、環境や労働、そしてガバナンスの問題が指摘された約一二万組織(URL⑥)について、どのコミュニティに集中しているかを調査した(Mizuno et al. 2020)。もし、問題が指摘された企業が、ネットワークに一様に散らばっているとすれば、各コミュニティに含まれる問題を指摘された企業の数はポアソン分布(一定期間内にランダムな事象が何回発生するかを表す分布)に従う。しかしながら、実際は、ポアソン分布とは、明らかに異なる分布になっている。少数のコミュニティに問題を指摘された企業が集中している。九七・五%のコミュニティには、ほとんど問題がない。一方で、最もひどいコミュニティでは、映画「アウトレイジ」さながらに、所属する企業の九九%で問題が指摘されている。つまり、世の中には、無責任な企業ばかりが集まるブラック・コミュニティが存在する。

ブラック・コミュニティも、少数のブリッジ企業を介して世界と繋がっている。つまり、ブリッジ企業で検閲をかけられれば、ブラック・コミュニティで生産された部品は我々には流れてこない。また、我々には直接的なコントロールの難しい無責任な企業に対して、無責任な企業と世界を仲介するブリッジ企業を我々がサポートすることにより、ブリッジ企業を通じて、我々は間接的に無責任な企業の環境を改善できるかもしれない。つまり、ブラック・コミュニティをホワイト・コミュニティに改善する場合にも、ブラック・コミュニティへの資金流入を断つ場合にも、ブリッジ企業は重要な役割を果たす。

具体的にブリッジ企業は、どのような企業なのであろうか。ここでは、我々と「コンゴ民主共和国及び、その周辺九カ国の採掘業」、「マスコミにより環境問題が指摘された林業」、「マスコミにより労働問題が指摘された繊維業」に所属する企業とを繋げるブリッジ企業の属性について紹介する。まず、「先進八カ国の製造業」と「コンゴ民主共和国及び、その周辺九カ国の採掘業」を繋げるブリッジ企業である。コンゴ民主共和国は世界有数の資源産出国であり、スズ、タンタル、タングステン、金、最近ではコバルトなどのレアメタルも多く産出される。そして、これら鉱物資源が資金となり、内戦が絶えず、過去二〇年間で六〇〇万人もの命が失われている。

これら鉱物資源が、G8(先進八カ国)の製造業に流れ込むために経由するブリッジ企業とは何であろうか。我々は、ネットワークを分割することによりコミュニティを抽出するGirvan-Newmanアルゴリズムを応用してブリッジ企業を抽出する。グローバルサプライチェーンから、「G8の製造業」と「コンゴ民主共和国及び、その周辺九カ国の採掘業」に所属する企業を、それぞれ一社ずつ選び、その二つの企業を繋げる最短経路を探す作業を、全ての組み合わせでおこなう。そして、最短経路上に最も現れた企業を取り除く。この作業を、「G8の製造業」と「コンゴ民主共和国及び、その周辺九カ国の採掘業」とを繋げる経路が存在しなくなるまで繰り返す。この一連の作業により、取り除かれた企業が、「G8の製造業」と「コンゴ民主共和国及び、その周辺九カ国の採掘業」を繋げるブリッジ企業である。

このブリッジ企業の顔ぶれをみると、ほぼ全ての企業が精錬所を持っており、チリやインド、南アフリカに集中している。採掘された鉱石は精錬しなくては金属として部品に使えない。チリやインド、南アフリカの精錬所を注意しておけば、「コンゴ民主共和国及び、その周辺九カ国の採掘業」を発端とした紛争鉱物問題の多くを解決することができる。

次は、「日本企業」と「環境問題が指摘された林業に所属する企業」とを繋げているブリッジ企業である。先程と同じく、Girvan-Newmanアルゴリズムを応用してブリッジ企業を抽出する。これらの企業の多くは、木材加工工場を持っており、米国やタイ、カナダ、チリに位置していることが分かる。これらのブリッジ企業を注意しておけば、違法伐採された木材を材料とする木材加工品の日本への流入の多くを防ぐことができる。

最後は、「G8のアパレルメーカー」と「労働問題が指摘された繊維業に所属する企業」とを繋げているブリッジ企業である。同じく、Girvan-Newman アルゴリズムを応用してブリッジ企業を抽出すると、インドや香港の卸売業者が検出される。つまり、これらの地域の卸売業者を通って、アパレルメーカーに布や一次加工品が納品されていることが分かる。これら卸売業者の仕入先の労働環境を改善すれば、G8のアパレルメーカーは安心してファストファッションを消費者に提供できるであろう。

このような問題におけるブリッジ企業の数は、どれぐらいなのであろうか。対象となるブリッジ企業が多すぎれば、それらを調査することは容易ではない。今回は、世界中の上場企業と主要な大企業の約五〇万社によるサプライチェーンでブリッジ企業の抽出をおこなった。コンゴ民主共和国とその周辺九カ国の採掘業の例では、このコミュニティをグローバルサプライチェーンから切り離すには、わずか二六社であった。つまり、全体の約〇・〇〇五二%がブリッジ企業である。

実質的に活動している全世界の企業数が三億社程度と仮定すれば、多くの企業は大企業とは異なり地域内で繋がるために、実際は、それほど多くはないとは思うが、最大でブリッジ企業は一万五六〇〇社程度になる。調査が不可能な規模ではないであろう。また、全てのブリッジ企業は、均等に繋げているわけではない。多くの社会現象では、二：八の法則が成り立つ(Newman 2005)。つまり、二割程度のブリッジ企業を制御すれば、コンゴ民主共和国とその周辺九カ国の採掘業の八割をグローバルサプライチェーンから切り離せるであろう。

おわりに

二一世紀に入り、ＩｏＴ、クラウド、ＷｅｂやＳＮＳを通じて、人々の自発的な情報行動やコミュニケーション、社会や経済活動がデジタルに記録・蓄積され、デジタル空間を介して情報を時間や空間を越えて共有することができるようになった。特に、金融では、フィンテックにより、世界中の企業や地域に関する膨大な情報が、現在も過去も含め、ビジネスや投資の現場で共有された。それにより、グローバルな投資先や取引先の発見や検証が可能となり、世界は多くの企業や人、政府が連携し、お金や物、人材、知識が流れる巨大で複雑なグローバルネットワークを形成した。グローバル経済ネットワークは、分業や交流による生産や技術の向上で経済を発展させた。

一方で、情報科学が実現した新たなグローバル化は、時間や空間を越えて政府や企業や人が複雑に繋がることによる新たな社会問題、すなわちポピュリズムの台頭、エコーチェンバー現象による分極化、フェイクニュースによる世論誘導、特定地域で発生した経済危機や自然災害の世界的な波及、ＣＯＶＩＤ-19のパンデミック、紛争地へのカネの流入、商取引やインフラ投資といった経済活動を利用した国家や産業の支配などを生み出した。さらに、今後は仮想通貨Ｌｉｂｒａやデジタル人民元といった決済手段が広まり、お金の流れが国境を越えて複雑化し、マネーロンダリングや脱税の摘発が難しくなることが予想される。

これからの世の中は、このような問題を解決するために、デジタル空間に記録された複雑な関係性を情報検索技術やネットワーク科学の手法を使って可視化したり数値化したりすることで、感覚的に理解できるようにすることが積極的におこなわれていくであろう。これこそが、ビッグデータを活用した「見える化」である。先進的な試みとして、フランス政府は、二〇二四年のパリ・オリンピックにおける公共事業に関わる全ての契約を全ての下請け先までデジタル化して、簡単に検索や追跡ができる状態にして公開した。これにより、下請けへの丸投げといった無意味な中間マージンの増加を市民が監視している。また、闇社会への予期せぬ受注も防げると期待されている。

グローバルネットワークの見える化は、繋がることによるリスクを軽減させる。二〇一一年のタイの洪水や、二〇二〇年のCOVID-19パンデミックでは、世界中の多くの企業が繋がる巨大なサプライチェーンの一部が被災したことにより、世界中で部品の調達が滞った。サプライチェーンを分割して並列化することによって、部品の調達が止まるリスクを回避することが現在、求められている。これを実現するために、フランス政府が導入したような企業間契約のデジタル化と、繋げているブリッジ企業を探すネットワーク解析システムの導入が、グローバル企業を中心に進むであろう。

情報検索技術やネットワーク科学による見える化によって、社会問題の背景を理論的に記述する社会科学をサポートし、その結果得られる社会政策を実現するために、デジタル空間に介入できる情報システム技術の開発も必要になってくる。グローバル社会を持続可能なものにするため、社会科学と情報科学の融合が、今後より一層重要になる。

参考文献

Girvan, Michelle, and Mark E. J. Newman (2002) "Community structure in social and biological networks," PNAS, 99(12).

Mizuno, Takayuki, Takaaki Ohnishi, and Tsutomu Watanabe (2015) "The Structure of Global Inter-firm Networks," *Social Informatics Lecture Notes in Computer Science*, 8852.

Mizuno, Takayuki, Takaaki Ohnishi, and Tsutomu Watanabe (2016) "Structure of global buyer-supplier networks and its implications for conflict minerals regulations," *EPJ Data Science*, 5.

Mizuno, Takayuki, Takaaki Ohnishi, and Tsutomu Watanabe (2020) "Exploiting global buyer-supplier networks to improve supply chain due diligence," 投稿準備中

Newman, Mark E. J. (2005) "Power laws, Pareto distributions and Zipf's law," *Contemporary Physics*, 46(5).

URL

① https://www.factset.com/(二〇二〇年三月一日閲覧)
② https://www.capitaliq.com/(二〇二〇年三月一日閲覧)
③ https://orbis.bvdinfo.com/(二〇二〇年三月一日閲覧)
④ https://eikon.thomsonreuters.com/index.html(二〇二〇年三月一日閲覧)
⑤ https://professional.dowjones.com/factiva/(二〇二〇年三月一日閲覧)
⑥ http://www.compliancesummit.asia/partners/dow-jones-risk-compliance/(二〇二〇年三月一日閲覧)
⑦ https://www.agoop.co.jp/(二〇二〇年三月一日閲覧)
⑧ http://www.zenrin-datacom.net/(二〇二〇年三月一日閲覧)

第6章　計量テキスト分析による関係性分析

山尾　大
久保慶一

はじめに

危機は社会の中でおき、翻って、危機の発生と進展はそれを生み出した社会に大きな影響を与える。危機によってその社会の中に存在するさまざまな関係性は流動的なものとなり、それが危機をさらに深刻化させる。危機と社会の間に存在する、このような絶え間ない相互作用が、危機を読み解くことを困難なものにしていると言えるだろう。既存の人文・社会科学に存在するさまざまな専門分野《ディシプリン》の間の分業体制を乗り越える新しい学問分野としてグローバル関係学が構想されたのは、既存の知の分業体制を前提にしていては、危機の全体像を捉えることは難しいからである。

本章は、そのような新しい学問分野としてのグローバル関係学の分析手法の一つとして、近年目覚ましい発展を遂げつつある計量テキスト分析が一定の有用性を持つと主張する。そのために、本章では、以下のような構成をとる。まず第一節では、筆者たちが専門とする比較政治学を中心に、既存の政治学において内戦や民族紛争といった危機を説明する際に通常どのようなアプローチ・方法が採用され、それらにどのような問題点があるかを検討する。第二節では、それらの問題点を乗り越えるための手法として計量テキスト分析がなぜ有効なのかを、計量テキスト分析の特徴を紹介しながら明らかにする。第三節では、そうした計量テキスト分析を難民危機に適用した例として、近年の山尾の研究(山尾二〇一九)の成果を簡単に紹介する。最後に、本章の議論を踏まえて、グローバル関係学の分析手法としての計量テキスト分析の可能性と限界について簡単に論じて、本章の締めくくりとしたい。

一　(比較)政治学における危機の分析枠組み

既存の社会科学、とりわけ政治学において、政治暴力や紛争といった危機はどのように分析されてきたのだろうか。おそらく最も支配的なアプローチは、内戦や紛争を「従属変数」とみなし、それを説明する独立変数は何かを探求するというものであろう。そのようなアプローチは、それが「なぜ起こるのか」という問い——おそらく危機について最も多くの研究者が抱く根本的な問い——に研究者が答えることを可能にするからである。我々が専門とする比較政治学の文脈で言えば、内戦、民族間の暴動、クーデタといったさまざまな形態の政治暴力について、それを従属変数として定義・操作化した上で、その規定要因をさまざまなタイプの変数(経済発展水準、所得格差、その国の住民の民族構成、政治体制や政治制度、外部アクターからの支援の有無など)に求める研究が数多く生み出されてきた(久保他二〇一六)。

そうした一連の研究によって得られた知見が重要であり貴重な研究成果であることは、我々も否定するつもりはない。しかし、そうした研究にも限界や問題点が存在することもまた事実であろう。

第一に、そうした「因果推論」においては、独立変数の外生性(exogeneity)が前提となっている。一言で言えば、外生性とは、独立変数は従属変数の影響を受けないという前提である。自然科学を含めた通常科学では、因果推論の基本となる前提であるが、このような前提をおけば、冒頭で述べたような危機と社会の間の絶え間ない相互作用は分析できないものとなり、考察の対象外とせざるを得ない。しかし、多数の死傷者を生み出す戦争や暴動であれば、それが社会、その中に存在する多様なレベル、多様なアクター間の関係性に影響を与えないという仮定はおそらく成立しないだろう。もしそのような仮定が現実に照らして妥当でないとするならば、外生性を前提にした因果推論は、その前提に適合しない現実は切り落として分析対象を分析枠組に押し込むという、いわゆる「プロクルーステスの寝床」[1]の過ちを犯してしまう危険性をはらんでいると言える。

第二に、そうした因果推論は、多くの場合、すぐれて主体中心主義的である。危機の発生は、それを生み出すとされる社会やアクターの特性によって説明されることになりがちだからである。この点で、従属変数と独立変数を明確に区別し、その間に外生性が存在することを前提とする通常科学の因果推論のアプローチは、主体の性質によって危機を説明しようとする既存の学問の主体中心主義的な傾向と、密接に関わっていると思われる。

第三に、そうした因果推論、とりわけ一般的な計量分析的手法(推測統計)に基づく因果推論は、分析の単位を固定しなければならない。分析の単位を固定しなければ、従属変数も独立変数も体系的に観察することはできないからである。一般的な計量分析の手法を用いた研究の中には、主体の特性を捉える変数だけでなく、主体間の関係性を変数として捉えるものも少なくない。例えば、国際関係論における最も有名な理論の一つである「民主的平和《デモクラティック・ピース》」論は、二国間の政治体制の組み合わせ(民主主義体制を取る国同士か、そうでない組み合わせか)によって、その二国間で戦争が発生する蓋然性が変わってくる(民主主義国同士では戦争は起きにくい)と主張するものである(2)。しかし、そのように変数化される「関係性」は、事前に定義されるレベル(分析の単位)での関係性であり、異なるレベルやタイプの主体間の関係性は分析の射程外とせざるを得ない。したがって、一般的に想定されるものとは全く異なる組み合わせの主体間の関係性が危機を引き起こしたり、逆に危機が全く想定外のレベルやアクター間の関係性に影響を及ぼしたりするといった現象は、当然のことながら分析の対象とはならないのである。

グローバル関係学は、危機の原因と結果をより適切に理解するために、こうした既存の通常科学に存在する問題点や限界を乗り越えることを目的として構想された。それを実現する上で最大の問題は、具体的にどのような方法を用いることができるのか、という点であろう。すでに述べたように、我々は、計量テキスト分析がそのための有力な方法の一つであると考えている。次節では、なぜそう言えるのかを、計量テキスト分析という手法の特徴を踏まえて考察してみたい。

二　計量テキスト分析の手法

計量テキスト分析とは何か。それは、日本におけるこの手法の先駆者の一人である樋口によれば、「計量的分析手法を用いてテキスト型データを整理または分析し、内容分析(content analysis)を行う方法」である(樋口二〇一四：一五)。一口に計量テキスト分析といっても、そこには多様な手法が含まれる。

一般に、計量テキスト分析の対象となるデータの総体は、コーパスと呼ばれる。コーパスは、複数の文書(documents)によって構成されている。各文書は、複数の文(sentences)や語(words)によって構成されている。このように、コーパスには一般に、その中に文書、文、語が入れ子状に存在するデータである。このようなデータを用いて何の特徴を明らかにするかは、手法によって異なる。例えば、政治学、特に政党研究の文脈でしばしば用いられているワードフィッシュ(wordfish)という分析手法は、各文書におけるさまざまな語の出現頻度を分析し、文書ごとに特定の語の出現頻度に偏りが生じることに着目して、文書間の傾向の違いを最もよく表現できるように各文書を一次元の線上に位置付ける(各文書の「位置」を推定する)手法である(Slapin and Proksch 2008)。これにより、例えば、選挙時に政党が発表するマニフェストをテキスト・データ化し、そこに含まれる語の出現頻度から政党の「政策位置」を推定することが可能となるのである。

ワードフィッシュが語ごとの出現頻度だけに着目し、ある語と別の語が文書中でどのような関係にあるかは見ていないのに対して、トピックモデル(topic model)と呼ばれる手法は、各文書内でどのような語句が同時に発生しやすいかを分析することで、ともに出現しやすい語句のまとまりを「トピック」として抽出する(Blei et al. 2003)。これにより、コーパス全体でどのようなトピックが最も言及されているかを明らかにすることもできるし、コーパス内の各文書がどのようなトピックを含むものかを分析することで、文書間の違いを明らかにすることもできる。トピックモデルの手法は、多様なテーマやトピックへの言及が含まれる新聞記事やツイッターなどのSNSデータの分析においてしばしば用いられる。

では、このような特徴を持つ計量テキスト分析は、前節で述べたような既存の学問分野の限界・問題点を乗り越える上で、なぜ有用なのか。

まず、より多様なタイプのアクターを単一の枠組みで分析することが可能となる。伝統的な計量分析的手法を用いる分析で、個人と、組織や団体といった集合的なアクターを同等に扱って分析することはほとんどない。これに対し、計量テキスト分析の文脈では、多様なレベル、多様なタイプのアクターが生み出したテキスト情報(スピーチ、声明、活字の文書、SNSのメッセージなど)を同等に扱うことが可能である。

次に、そうしたさまざまなレベル、さまざまなタイプのアクター間の関係性を、テキストの情報を用いて可視化することが可能となる。テキストやSNSのアカウント情報に含まれるデータから、アクター間の相互の参照関係を明らかにすることができるのである。時系列のデータと組み合わせれば、そうしたアクター間の関係性が、時系列に沿ってどのように変化するかを細かく観察することも可能となるだろう。

最後に、計量テキスト分析の手法を用いてある社会の内部で起こるさまざまな関係性の変化を観察することで、ある危機において起きるさまざまな事象と、それを生み出す社会の間の相互作用、とりわけ、危機の中で生起する事象が社会内部の関係性にどのような影響を与えるのかという方向性を丁寧に分析することが可能となる。危機の文脈では、象徴的な事件や事象によって、社会内の関係性が短期間のうちに急速に変化することも珍しくない。そのような急速で大規模な関係性の変化は、通常科学で用いられるデータでは捕捉できないことが多いが、計量テキスト分析では、時間毎や日毎といった細かい時間的単位で関係性を観察することが可能なので、そのような急速な変化・変動を分析することが可能となるのである。

計量テキスト分析を用いて、危機をどのように分析することができるのか。次節では、その具体例を示すために、山尾(二〇一九)の分析結果をもとにしつつ、EU難民危機で生じたさまざまな出来事が、中東の報道にどのような影響を与えたのか、その変化を考察してみたい。

三　EU難民危機の報道をめぐる計量テキスト分析

どのような「グローバル危機」を分析するのか

計量テキスト分析の事例として本章で取り上げるのは、二〇一五―一六年のEU難民危機である。この危機を引き起こした直接の原因は、二〇一一年のいわゆる「アラブの春」によって、主としてリビアやシリアからの難民が発生したことに求められる。難民はとりわけシリア内戦の長期化によって、急速に増加した。中東やアフリカから地中海およびバルカン半島を経て欧州を目指す難民の多くが、地中海での難民船の転覆などによって命を落とし、欧州諸国では難民の受け入れの是非をめぐって社会の分断が進んだ。加えて、移民難民の排斥を主張する右派ポピュリスト政権が出現したり、難民をめぐる法整備や支援、経済政策といった多様な側面を含む難民レジームの再構築が喫緊の課題となったりした。このように、難民危機は、人道的な危機や送り出し国の中東をめぐる問題に限定されない、「グローバル危機」であった。

こうした難民危機をめぐる中東アラブ世界の新聞報道テキストを素材として、量的に分析した研究が山尾(二〇一九)である。この研究では、難民に同情的であった欧州諸国のメディアの一部が、二〇一五年一一月のパリ同時多発テロ事件を契機に、敵対的な報道に変わっていったという先行研究に対して(3)、送り出し国の中東アラブ世界の報道はどうであったのか、という点を問題意識の出発点としている。

この難民危機は、中東やアフリカがその送り出し国になっていたが、中東諸国の政府は実際には、欧州に向かう難民の通過国になったトルコを除いて、ほとんどなんの政策もとってこなかった。域内の多くの政府が、「アラブの春」後の政治的不安定化への対応に追われていたためである。それゆえに、各国の難民政策の変化を追うことは、メディアに注目する他には非常に困難になる。また、新聞報道を追うことで、中東アラブ諸国がこのグローバルな危機をどのようにとらえていたかという点も浮き彫りにできる。したがって、中東アラブ世界の主要紙の難民をめぐる報道トーンの変化を、欧州諸国の事例を扱った先行研究の議論を参考にしつつ、計量テキスト分析によって可視化することは有効であろう。

計量テキスト分析によって難民危機にアプローチする意義は他にもいくつかある。まず、政府にアクターを限定・固定化することを回避できる点である。次に、難民危機のさなかに発生したさまざまな重大事件を契機にして、いかに報道トーンが変化していったのか、出来事と報道の関係性を浮き彫りにすることもできる。最後に、テキストを量的に分析することで、従来の質的なメディア研究では必ずしも明らかにならなかった目にみえない関係性を可視化することにも貢献できるだろう。

以下ではまず分析に用いたデータセットと方法論を概観し、具体的な分析結果を瞥見する。そのことを通して、難民報道をめぐる計量テキスト分析がグローバル関係学にどのような貢献をなすのかをみていきたい。

データセット

分析に用いたのは、中東のアラビア語主要三紙(『ハヤート』〔*al-Hayāt*〕紙、『クドゥス・アラビー』〔*al-Quds al-'Arabī*〕紙、『シャルク・アウサト』〔*al-Sharq al-Awsat*〕紙)の二〇〇六年一月—一九年七月までの全記事のなかから、「難民」(لاجئ)というキーワードが含まれるすべての記事である。簡単に各紙の特徴を概観してみよう。

まず、一九四六年創刊の『ハヤート』紙は、サウディアラビア王族の資本が入っているが、もともとレバノンの新聞であったこともあり、基本的には中東アラブ諸国で最もリベラルで格式が高い高級紙と位置付けられている(Dubai Press Club 2012)。分析では、サウディアラビア国内版ではなく、国外向けの国際版のみを使用したため、サウディアラビア政府の見解が直接的に反映されているとは考えにくい。同紙はロンドンで発行されており、二〇〇四年時点での発行部数は約一六万―一七万部である[4]。

一方、『クドゥス・アラビー』(以下、クドゥス)紙は、一九八九年以降パレスチナ人難民によってロンドンで刊行されている新聞で、パレスチナの大義を最も強く主張することで知られている(二〇〇四年の発行部数は約一万五〇〇〇部[5])。

他方、『シャルク・アウサト』紙もまたロンドンに本部をおく高級紙だが、サウディアラビア王室が所有する新聞社が刊行しており、サウディアラビア政府の見解と矛盾のない報道がなされている(二〇〇四年の発行部数は二三万四五六一部、二〇一一年は約二五万部[6])。したがって、サウディアラビア政府の意向を無視できない同新聞は、難民をめぐる報道トーンもまた、同国の政策や見解が反映されやすくなるだろう。

これらの三紙は主として中東アラブ諸国に加え、欧州のアラブ人(ロンドンを中心とするアラブ人コミュニティ)の知識人層を主たる読者とするパン・アラブ高級紙である(Dubai Press Club 2012: 221)。また、各国の最大発行部数を誇る新聞は他にあるため、この三紙が中東全域の幅広い人々が活用するメディアを代表しているわけではなく、分析の対象は中東地域内のエリートに加え、とりわけ中東出身のエリートの言説に限定されている。しかし、国家や政府、政治エリートと大衆をつなぐ役割を果たし、しばしば両者のあいだを行き来するメディアである新聞報道の言説を浮き彫りにすることで、さまざまなタイプのアクターを統合的に分析する第一歩になると思われる。

ハヤートからは、二〇〇九年一月–二〇一九年七月までの二万三一二五記事[7]、クドゥスからは、二〇〇六年一月–二〇一九年七月までの二万二二二六記事[8]、シャルク・アウサトからは、二〇〇六年一月–二〇一九年七月までの一万四〇七二記事を[9]、それぞれダウンロードした。これらの新聞記事を時系列的に並べて統計解析ソフトウエアRに読み込んだ。そのうえで、新聞ごとにコーパスを作成し、それらのコーパスを足し合わせて一つのデータセットとした。分析に用いた新聞記事の総数は五万九四二三である。これらのデータセットの分析にはR言語のQuantedaパッケージを用いた。このパッケージを用いることで、これまでほぼ英語(をはじめとする欧州諸語)に限定されてきた計量テキスト分析を多言語で行うことが可能となる[10]。

方法論

以上のデータセットを用いて、報道トーンの量的な分析を試みよう。具体的には、先に挙げた欧州メディアを対象にした先行研究を参考に、難民の人権尊重や保護・支援を強調するような人道的な報道トーンであるのか、あるいは難民を脅威ととらえ、難民の管理や排斥を主張し、セキュリティの対象とする報道トーンに傾いているのか、という点をはかってみたい。すなわち、前者を「人道フレーム」、後者を「セキュリティ・フレーム」として、報道トーンを推定する。

そのために用いる手法は、「準教師あり学習モデル」のひとつ、LSS(Latent Semantic Scaling)である。この手法を用いた分析では、まず難民にかかわる報道トーンをはかるための種語(seed words)

を研究者が選定し、それらの種語とコーパス内に含まれる各単語との関係性の深さを、コーパス全体を用いた機械学習によって計算させる。各単語と種語との関係性はＬＳＳスコアという形で定量化され、各文書に含まれる単語のスコアを総計することで文書のスコアが得られる。こうした分析作業により、対照的な種語によって両極が定義される一次元上の空間に、各文書を位置づけることが可能となるのである。(11)

本章が紹介する分析において用いられる種語は、以下の通りである。難民に対するシンパシーや人権・保護を重視した「人道フレーム」の報道トーンを示す種語としては、権利(haqq: حق)、市民権(al-muwāṭina: المواطنة)、平等(musāwā: مساواة)、包摂(taḍmīn: تضمين)を選び、プラス１の重みづけを行う。他方、難民に対する脅威や管理を強調した「セキュリティ・フレーム」の報道トーンを表す種語として、脅威(tahdīd: تهديد ,التهديد)、違法(gayr shar'ī, gayr qānūnī: غير شرعي ,غير قانوني)、敵('adū: عدو)、敵対的な('adā'ī: عدائي)、管理(murāqaba: مراقبة)、排除(istib'ād: استبعاد)を選び、マイナス１の重みづけを行う。

分析結果

以上のコーパスと種語を用いてＬＳＳ分析を行うことにより、コーパスに含まれる全記事に重みづけを行った(ＬＳＳスコアを付与した)。次頁の表6-1は、ＬＳＳ分析を行った結果、両極の種語と特に関連性の強いことが明らかとなった単語を示したものである(ＬＳＳスコアの絶対値が大きいほど、正または負の種語との関連性が強いことを示す)。「人道フレーム」と関連が強い単語には、「保護」、「勇気」、「尊厳をもって」、「国籍によって」、「自由」などが含まれている。他方、「セキュリティ・フレーム」

表 6-1　重みづけされた特徴的な単語

人道フレーム			セキュリティ・フレーム		
重みづけされた単語		LSS スコア	重みづけされた単語		LSS スコア
الحصول	得る，到着する	0.07812945	نفوذها	その影響力	−0.09364051
كفلته	保障，庇護	0.07788628	زحف	はっていく	−0.08836131
البائسة	勇気	0.07693757	ذريعة	虚偽，虚像	−0.08717186
بكرامة	尊厳を持って	0.07678371	إحباط	フラストレーション	−0.08325778
يناضلون	闘っている	0.07264617	ضغط	圧力，圧迫	−0.08174296
محفوظا	保護した	0.07188072	إرهابية	テロリスト	−0.07930493
بالجنسية	国籍によって	0.07175170	ضرب	打つ，殴る	−0.07700923
شمل	包摂する	0.07102861	عسكاريا	軍事的な	−0.0760906
متساوية	平等の	0.07039192	داعش	イスラーム国(IS)	−0.07559220
حريتهم	彼らの自由	0.06915369	الإسلاموي	イスラーム主義の	−0.07176395

出所）　山尾 2019：10

と関係が深い単語には、「虚偽」や「フラストレーション」に加え、難民に紛れて流入する危険分子を彷彿とさせる「テロリスト」や「軍事的な」、「ＩＳ（イスラーム国）」、「イスラーム主義」などが含まれている。これらの重みづけの結果をみると、種語と関連が深い単語が適切に選択されていることがわかるだろう。

こうして重みづけされた各文書のＬＳＳスコアに基づいて、難民をめぐる三紙の報道トーンの推移を可視化したのが、図６-１である。縦軸に報道トーン、横軸に時間の経過をとってある。縦軸に示したＬＳＳスコアが上昇すると、「人道フレーム」を重視した報道が増え、逆に低下すると、「セキュリティ・フレーム」を基調とした報道が増えていることを意味している。最も濃いラインはハヤートの、その次に濃いラインはクドゥスの、最も薄いラインはシャルク・アウサトの報道トーンの推移（各紙の記事のＬＳＳスコアの移動平均線）を、それぞれ示している。それぞれのラインの上下にある点線は九五％信頼区間（母平均が九五％の確率でその範囲にある区間）である。図内のドットはコーパス

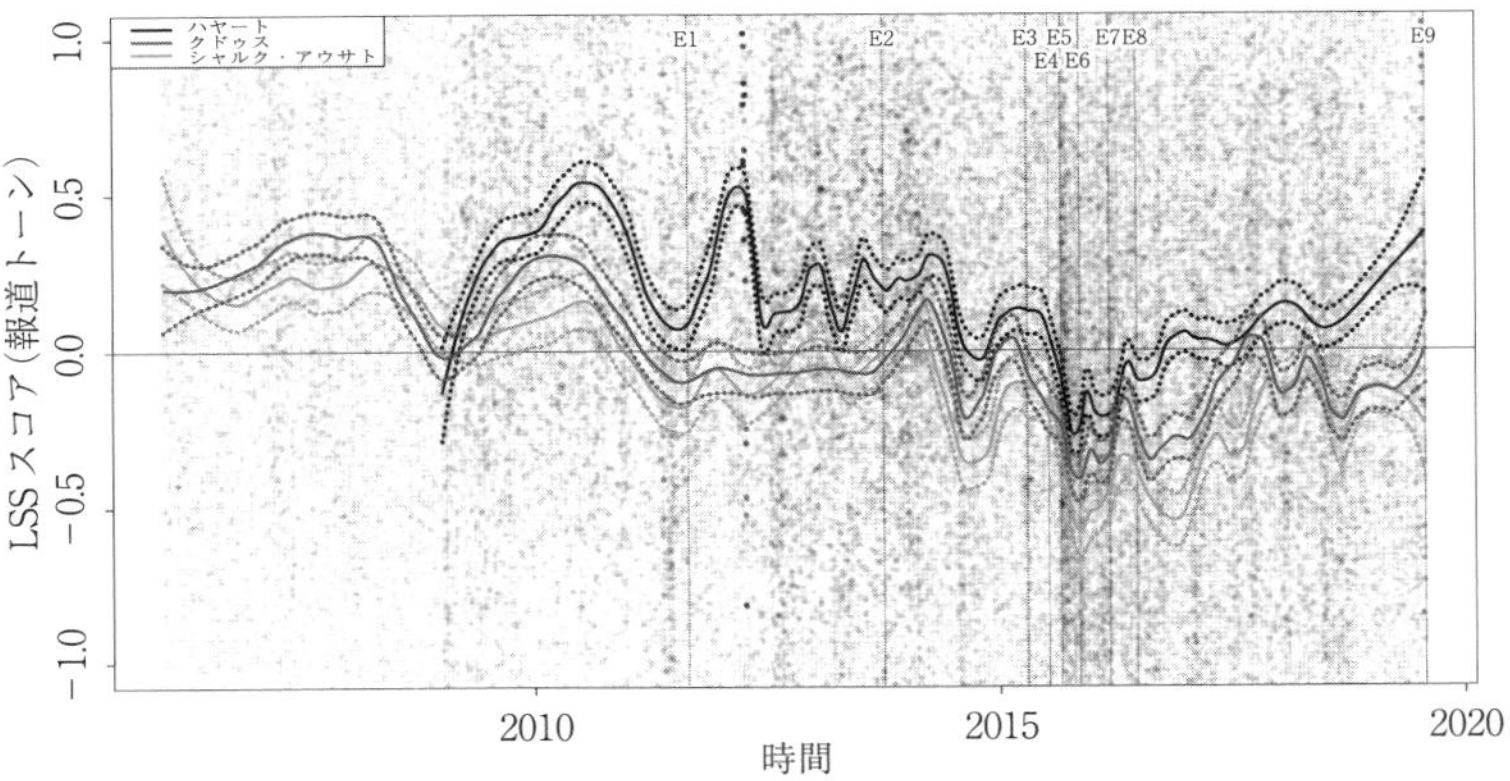

出所） 山尾 2019：12

図 6-1

内の各文書のLSSスコアを示している。

また、縦に引かれた点線は次頁の表6-2に整理した難民危機にかかわる重大局面を示している。具体的には、E1は難民数が急増する契機となったリビア政権崩壊（二〇一一年八月二四日）を指す。E2は、急増した難民がイタリアのランペドゥーザ島沖で転覆し、大きな注目を集めた事件（二〇一三年一〇月三日）である。E3は同じくリビア沖で過剰に搭乗した難民船が転覆し、多数の死者を出した事件を示している。E4は、地中海よりも安全なバルカン・ルートを通過する難民が急増したことを受け、ハンガリー政府が非合法越境防止のためにセルビアとの国境にフェンスの建設を開始した時期（二〇一五年七月一三日）である。E5は、トルコ海岸に三歳のクルド人少年の水死体が打ち上げられた事件がSNSで拡散され、グローバルな注目を集めた事件（二〇一五年九月二日）を表している。E6はパリ同時多発テロ事件、E7はバルカン・ルートの閉鎖を、そしてE8は英国のEU離脱をめぐる国民投票が

表 6–2

時期		特徴
E1	~2011/ 8/24	~「アラブの春」後のカッザーフィー政権崩壊
E2	~2013/10/ 3	ランペドゥーザ島沖転覆事件
E3	~2015/ 4/18	リビア沖転覆事件
E4	~2015/ 7/13	ハンガリー政府による国境フェンス建設開始
E5	~2015/ 9/ 2	トルコ海岸に子供の水死体漂着
E6	~2015/11/13	パリ同時多発テロ事件
E7	~2016/ 3/ 9	バルカン・ルート閉鎖
E8	~2016/ 6/23	英国の EU 離脱をめぐる国民投票
E9	~2019/ 7/31	EU 危機以降

出所） 山尾 2019：5 をもとに筆者作成.

実施された日(二〇一六年六月二三日)を、それぞれ示している(E9はコーパスがカバーする期間の終了日)。

結果を視覚的に確認してみよう。一目で気が付くのは、ハヤートのLSSスコアが一貫して最も高く、次にクドゥス、そしてシャルク・アウサトが最も低いという点である。これはすなわち、ハヤートが最も「人道フレーム」を重視した報道を行い、シャルク・アウサトの報道トーンが最も「セキュリティ・フレーム」に振れているということを意味している。この新聞間の報道トーンの違いは、先述の新聞の特徴を反映しており、想定通りの結果である(詳細は割愛するが、後の計量分析でも新聞間の違いが統計的に有意となった)。

時系列的な変化はどうだろうか。難民が増加すると、報道はおおむね「人道フレーム」を重視したトーンになっており、ランペドゥーザ島事件(E2)やリビア沖転覆事件(E3)にさいしてLSSスコアが上昇していることは、難民に対するシンパシーが報道において強まっていることを示している。とはいえ、難民危機が深刻化するE4期(ハンガリー政府による国境フェンス建設開始)以降はLSSスコアが低下し、難民を「セキュリティ・フレーム」で報道する傾向が強まっていることがみて取れる。いずれの新聞もLSSスコアが最低を記録したのがちょうどパリ同時多発テロ事件(E6)と一致しており、その後、回復傾向にあるものの、英国のEU離脱をめぐる国民投票(E8)後に一時的に低下している。

次に、以上で視覚的に確認した傾向を、計量分析で実証していこう。計量分析のモデルなどの詳細については、山尾(二〇一九:一三一一九)をみていただきたいのだが、ごく簡単に説明すると、図6-1で示した報道トーンの変化、すなわち各文書に付与されたLSSスコアを従属変数にした最小二乗法(OLS、Ordinary Least Squares)による回帰分析を行った。山尾(二〇一九)では、複数の仮説にそってモデルを検証しているが、ここでは難民にかかわるさまざまな出来事が報道トーンに与えた影響に限定して結果を確認してみよう。

次頁の図6-2はそれぞれの新聞が各時期にどの程度の報道トーンにあるのかを、計量分析の結果をもとに推定したものである。ドットは各紙の各時期(図6-2では横軸のE1―9)における報道トーンの確率を、ドットに付随する縦バーは九五%信頼区間を、それぞれ示している。

この図から分かるように、難民に大きな犠牲が生じたE2(ランペドゥーザ島事件)、E3(リビア沖転覆事件)、E5(クルド人少年漂着事件)でも、難民危機以前(E1)と比較して「人道フレーム」を重視した報道トーンになっているわけではない。反対に、いずれの新聞も、LSSスコアが最も低いのがE6とE7で、これはパリ同時多発テロ事件を経てバルカン・ルートが閉鎖されるまでの難民危機が最も深刻化した時期にあたる。つまり、この時期に報道トーンが「セキュリティ・フレーム」の側に最も振れたというわけである。これは先行研究が指摘したEU諸国内の報道傾向とほぼパラレルの結果である。とはいえ、その後は再び難民の「人道フレーム」を重視する報道トーンに戻っている点は、中東の特殊性と言えるかもしれない。[12]

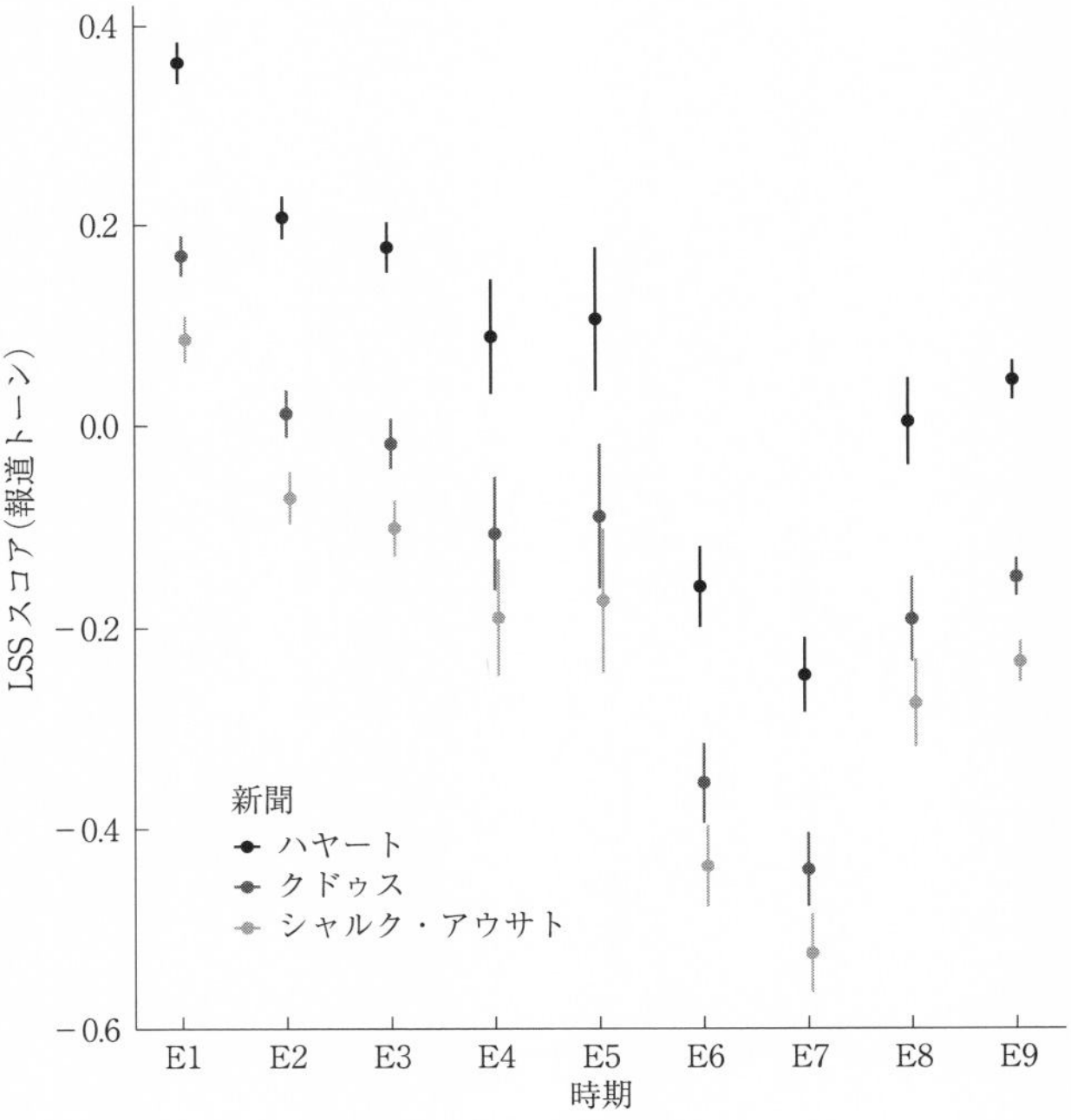

出所） 山尾 2019：15

図 6-2

このように、難民危機以前と比較して「セキュリティ・フレーム」を強調した報道トーンになる傾向が統計的に有意になった。難民危機が最も深刻になった二〇一五年には、すべての新聞の報道が総じて「セキュリティ・フレーム」を基調とするトーンに変化したのである。

何が分かったのか?

報道トーンを量的にテキスト分析した結果、ほぼ想定通りの結果がでたのは、上述の通り各紙のあいだの相違である。最もリベラルと考えられているハヤートの報道トーンが最も「人道フレーム」を重視していることは驚くべきことではない。また、シャルク・アウサトの報道トーンに「セキュリティ・フレーム」が強くみられるのは、シリアと敵対するサウディアラビア政府の意向を踏まえているからだろう。言い換えれば、シリア人難民は敵対する国の難民であるため、人道的に保護する対象というよりも脅威の対象であったということだろう。

反対に、質的な観察ではなかなかみえてこなかった点も浮き彫りになった。なかでも想定外だったのは、いずれの新聞でも、難民に大きな被害が出た事件にさいしては、一時的に難民の「人道フレーム」を重視する報道トーンに振れるものの、難民危機以前と比較すると全体として「セキュリティ・フレーム」に偏った報道トーンが増えたという点である。難民の送り出し国である中東アラブ世界でさえ、危機が深まるにつれて報道トーンが難民の「人道フレーム」を重視するとは必ずしも言えず、難民を脅威ととらえる報道トーンに変わっていったということが分かったのである。

これはなぜなのだろうか。おそらくいずれの新聞もロンドンを拠点にしており、EU諸国の報道にある程度影響を受けているものと考えられる。本章が扱った難民危機が、きわめて深刻な「グローバル危機」であったため、非常にリベラルだと考えられていたハヤートのような新聞でさえも、「セキュリティ・フレーム」を強調した報道トーンに偏ったのではないか。だとしたら、危機がどの程度深刻化すると「セキュリティ・フレーム」が前景化してくるのか、危機の深刻さをはかる変数を整備するなどして解明することが、次なる課題となる。また、この分析が主としてエリートを読者層とする新聞に限定されているため、大衆を読者層とするタブロイド紙の論調との比較も今後の課題となるだろう。

おわりに――計量テキスト分析の可能性と限界

このように、計量テキスト分析は、新聞の報道トーンという共通の枠組みで、紛争などの「グローバルな危機」において発生する事件や重大局面、死者数などのテキスト外の変数(本章では紙幅の関係から取り上げなかったが、山尾(二〇一九)では難民申請数や死者数、国境での拘束者数も変数として分析に投入している)といった多様な変数の関係を論じることができる。この点で、筆者たちが専門とする比較政治学が抱えている限界を克服できる可能性がある。本章で示した分析は主要紙の記事を収集してコーパスを作成したため、その点では分析の単位は均質的であると言えるが、政府や多様な組織による声明文やSNS空間での発言などを収集すれば、多様なレベルの多様なアクターの発言を包括的に分析することも可能であろう。それにより、分析の単位を固定せずに関係性を分析し、同時にさまざまなレベルで関係性を詳らかにすることができるだろう。本章では扱わなかったが、政府による介入や政策を変数として加えるならば、それらが報道に与えたインパクトを明らかにすることも可能だろう。

もちろん我々は、計量テキスト分析が万能のツールであるなどと主張するつもりはない。本章で紹介したLSSは、多くの言語に基づくテキスト情報を同一の手法で分析できる点で、計量テキスト分析を非欧米地域の研究にも適用することを可能にした画期的な手法であると言える。しかし、そのことは同時に、LSSを用いた分析によって捉えることのできる関係性——種語とその他の言語のあいだの関係性、コーパス内の文書間の関係性——は、当該言語の文法その他の特徴を考慮せず、多数の言語で画一的に測定できる範囲内の関係性に留まることを意味する。したがって、その分析結果の妥当性を確認するためには、当該言語やそれを用いる社会について深い知識を有する研究者による定性的な分析が不可欠であろう。我々はここに、特定の地域に関する研究を積み重ねてきた地域研究者が計量テキスト分析を行うことの意義と強みがあると考えている。

注

(1) プロクルーステースは、ギリシャ神話に登場する山賊の首領で、旅人を鉄製の寝台に寝かせ、寝台からはみ出た手足を切り落とし、丈が短ければ無理やり引き伸ばしたとされる。ドイツの社会学の泰斗ヴェーバーは、客観的な社会科学のために「理念型」が重要であることを強調しつつも、歴史を無理やり理念型に押し込める行為、換言すれば自らの理論に都合のよい現実だけを切り取って理論に当てはめる行為に対しては、それを「プロクルーステースの寝床」と呼んで警鐘を鳴らした。ヴェーバー(一九九八：一二二)を参照されたい。

(2) この議論にはいくつかのバリエーションがあるが、「各年の二国間関係(dyad-year)」を分析の単位として定量的な分析を行った先駆的研究として、Maoz and Russett(1993)を参照されたい。

(3) 欧州諸国のメディア分析については、欧州諸国の複数メディアの報道トーンを分析したGeorgiou and Zaborowski(2017)、複数国の多様なメディアの分析を通してそれらの特性を整理したBerry et al.(2016)、オーストリアの高級紙とタブロイド紙を比較したGreussing and Boomgaarden(2017)、報道の変化を分析した土谷(二〇一七a、二〇一七b)、荻野(二〇一八)、オーストリアの世論の変化を分析した佐藤(二〇一八)などを参照のこと。

(4) https://carnegieendowment.org/files/New_Chart.pdf

(5) https://carnegieendowment.org/files/New_Chart.pdf

(6) 二〇〇四年の発行部数は https://carnegieendowment.org/files/New_Chart.pdf、二〇一一年はDubai Press Club(2012:221)。

(7) ホームページ(http://www.alhayat.com/)からダウンロードした。なお、二〇一九年一〇月以降はホームページが閲覧できなくなり、二〇二〇年三月に正式に閉刊が発表された。

(8) ホームページ(https://www.alquds.co.uk/)からダウンロードした。

(9) ホームページ(https://aawsat.com/)からダウンロードした。

(10) Quantedaについては、ホームページ(https://quanteda.io/index.html)を参照のこと。

(11) LSSのアルゴリズムについては、Watanabe(2017, 2018)に詳しいので、そちらを参照してほしい。

(12) とはいえ、「アラブの春」以前のような報道には回復しておらず、依然「セキュリティ・フレーム」が主流の報道トーンになっている(英国のEU離脱をめぐる国民投票では一時的に管理主導の報道に振れた)。

参考文献

ヴェーバー、M(一九九八)『社会科学と社会政策にかかわる認識の「客観性」』富永祐治・立野保男訳、折原浩補訳、岩波文庫

荻野晃(二〇一八)「オルバーン政権と欧州難民危機(二〇一五―二〇一七)」『法と政治』六八(四)

久保慶一・末近浩太・高橋百合子(二〇一六)『比較政治学の考え方』有斐閣
佐藤俊輔(二〇一八)「難民危機後のEU——危機の政治的インパクト」日本国際問題研究所(http://www2.jiia.or.jp/pdf/research/H30_Europe/01-sato.pdf)
土谷岳史(二〇一七a)「EUにおける「難民危機」とシェンゲンの再構築(一)」『高崎経済大学論集』五九(二/三/四)
土谷岳史(二〇一七b)「EUにおける「難民危機」とシェンゲンの再構築(二)」『高崎経済大学論集』六〇(一)
樋口耕一(二〇一四)『社会調査のための計量テキスト分析——内容分析の継承と発展を目指して』ナカニシヤ出版
山尾大(二〇一九)「送り出し国で難民危機はいかに報道されたのか——アラビア語主要紙の量的テキスト分析から」『新学術領域「グローバル関係学」オンライン・ペーパー・シリーズ』Online Paper Series No. 10: Working Paper No. 6.
Berry, Mike, Inaki Garcia-Blanco, and Kerry Moore (2016) *Press Coverage of the Refugee and Migrant Crisis in the EU: A Content Analysis of Five European Countries*, United Nations High Commissioner for Refugees (http://www.unhcr.org/56bb369c9.html).
Blei, David M., Andrew Y. Ng, and Michael I. Jordan (2003) "Latent Dirichlet Allocation," *Journal of Machine Learning Research*, 3.
Dubai Press Club (2012) *Arab Media Outlook 2011–2015*.
Georgiou, Myria, and Rafal Zaborowski (2017) *Media Coverage of the "Refugee Crisis": A Cross-European Perspective*, Council of Europe Report, DG 1(2017)03.
Greussing, Esther, and Hajo G. Boomgaarden (2017) "Shifting the Refugee Narrative? An Automated Frame Analysis of Europe's 2015 Refugee Crisis," *Journal of Ethnic and Migration Studies*, 43(11).
Maoz, Zeev, and Bruce Russett (1993) "Normative and Structural Causes of Democratic Peace, 1946–1986," *American Political Science Review*, 87.

Slapin, Jonathan B., and Sven-Oliver Proksch (2008) "A Scaling Model for Estimating Time-Series Party Positions from Texts," *American Journal of Political Science*, 52(3).

Watanabe, Kohei (2017) "Measuring News Bias: Russia's Official News Agency ITAR-TASS' Coverage of the Ukraine Crisis," *European Journal of Communication*, 32(3).

Watanabe, Kohei (2018) "Newsmap: A Semi-Supervised Approach to Geographical News Classification," *Digital Journalism*, 6(3).

第7章 宗派主義の外へ
――レバノンにおける「分節」生成の場面から――

池田昭光

はじめに

中東地域研究の分野で行われたある国際シンポジウムでの出来事である。アメリカ合衆国を拠点にしている、ある文化人類学者が、モロッコにある自身の出身村の土地を主題とする研究発表を行った。筆者の理解した発表概要は次の通りである。――この村では、土地はその象徴的価値をめぐり男性たちによって争われる真剣なゲームであった。土地を所有していない男性は、村の中で二級の地位に甘んじなくてはならなかった。そのような人物は、他者からの敬意を得られず、自身の存在を軽んじられ、村の決めごとに際して発言権もないという状態に貶められることになった。ゆえに、男たちはできるだけ多くの土地を手に入れようとするのであり、土地所有者であることを通して村の中での名誉や発言権を得ようとする競争状態が生じていた。

他方、近代以降、この村からは国外への出稼ぎが盛んになった。多くの者はフランスに渡った。時代を経るにつれ、移動先で財をなす者も現れるようになった。すると、外国で築いた財産をもとに、故郷の土地の購入が盛んになった。土地をめぐる村内部の競合という社会文化的論理は維持されていたからである。かつては小さな土地しか持てず、村内で住民からの尊敬を勝ち得なかった者が、国外へ出ることで初めて築けた財産により今や多くの土地を獲得し、それまでの名誉や発言権をめぐる力関係の構図に変化が生じてきているのである。

おおよそこのような趣旨の発表がなされたのち、質疑応答の時間に移ると、シンポジウム参加者の一人がこう尋ねた。「村内の土地を買う人がいるということは、売る人もいるわけです。他方で、土地というのはこの村では非常に重要なものですよね。しかし、それほどまでに土地のあるなしが死活的ならば、なぜ土地を売ってしまう人が出てくるのでしょうか?」

もっともな質問である。この人類学者による発表内容は、いわば土地を買う側の視点に立ったゲームの解説だったとも言える。土地を売る側の事情や認識についての掘り下げた知見が盛り込まれなかったのは否定できない。その落差を突いた質問であった。土地が少なければその社会的地位が軽んじられるような社会に暮らす人物が、それでも土地を売るのはなぜなのか。

すると件の人類学者はこの質問に対し、「購入者である移民たちの提示した価格が高かったからだ」と答えた。この返答を聞いた参加者のあいだから失笑とも言える笑いが聞こえた。思わず笑ってしまう気持ちや、失笑につながるとまどいの感覚は理解できよう。なぜなら、このように答えてしまうと、村落の社会構造の特徴を、土地に伴う名誉という象徴的価値をめぐるゲームの観点で理解してきたところへ、急にそれとは別の論理、すなわち経済的論理を持ち出すことになり、分析の一貫性が大きく損なわれるからである。

他方、当の人類学者は、前述のように答えて平然としていた。失笑するオーディエンスを前に、そんな当たり前なことを何故聞くのかといった態度であるように、筆者の目には映った。

このやりとりを、学術的真実をめぐる議論と考えるならば、この人類学者のほうに落ち度があるのかもしれない。しかし筆者はむしろ、この出来事を、西洋的な学問に主流の論理と中東的な論理との食い違いが現れた現象ととらえてみたい(1)。

この人類学者はおそらく西洋的な人類学の論理を充分に咀嚼し、ピエール・ブルデュー的な枠組みで発表内容を構成した。他方、質問者は分析的な視点で、発表に盛り込まれなかった人びとの視線に立ち、いまだ語られてない側面を突いた。すると、人類学者は学術の論理をなかば放棄し、自身が育ったモロッコに内在する論理で答えたがために、学術的な論理からはずれてしまった。おそらくオーディエンスにも直観されたのは、この人類学者による、平気で「ずれていく」論理の次元である。

結局のところ、この齟齬をてこにディスカッションを展開する技術を、人類学者自身もオーディエンスも持ち合わせていなかったと言えよう。だからこその笑いやとまどいであり、憮然としながらも揺るぎない態度の現れととらえてはどうだろうか。両者ともに、もっぱら身体的な反応でしかこの齟齬を表現できず、その先の言葉が続かなかったのである。

ならば、むしろこの齟齬が露わになった時点から議論が始められるべきではなかったか。村の人びとの日常的な実践は、欧米の学術的まなざしの側からも中東地域出身の人類学者のまなざしからも充分には近づけなかった隙間で厳然と存在し営まれている。それに近づくには、失笑や言語化の困難を経験しつつ通路を穿ってゆくことでしかなしとげられないのではないか。

このようにとらえるならば、あらかじめ研究対象が定義され分析され結論が引き出されるといった通常の学問的手続きにこだわらず、研究をする側とされる側との相互関係の内側で、いまだ言葉にされぬ領域を目指し探究する営みが現在求められているのかもしれない。グローバル関係学なる構想が抱かれること自体、学問のまなざしや手つきが変わりつつあることの一環とも言えよう。本章は、このような着想を筆者自身の調査経験によりつつ深めることで、グローバル関係学のアプローチに対して文化人類学から貢献する試みである。

一　中東地域研究および中東の人類学的研究における「関係」への着目

冒頭で紹介したエピソードには、「関係」をめぐる現象とその認識の困難が示されていると言い換えることができる。

件の人類学者は、モロッコ出身ではあるがアメリカを拠点とする人類学者として、これまでは文化人類学の研究対象とされてきた地域で生まれ育ちながらも、欧米的な学問のトレーニングを受けた者であり、いわゆる「ネイティブ人類学者」と形容される。出自や学問的トレーニングの経験について本人に直接確かめたわけではないが、ブルデューの実践論に多分に影響を受けた論理展開（実際、発表においてもブルデューの著作が言及されていた）は、このことを傍証する。他方で、そのようなプレゼンテーションの論理をあっけらかんと裏切って、土地の値段の次元を持ち出すところに、もはや研究者としてよりはネイティブの顔がのぞくようである。

この例では学術の論理とネイティブの論理との混ざり合いから生じた流動性が困惑の源と言えるかもしれないが、もう少し広い文脈で述べるならば、ある個人が置かれた社会文化的文脈により、その人物が持ち出すロジックが様々に変化し、時にはその流動的なロジックが相互に齟齬をきたす場合さえあることは、中東諸社会を対象とする研究者の目にとまり、驚嘆や困惑を伴って記録されてきた。そもそも、すでに言及したブルデューの「実践論」とは、彼がアルジェリアで接した現地住民の振る舞いが、それまでの人類学が前提としてきたルールや規範を通して理解するには法則性がないために、新しいものの見方を考案せざるを得なかったがゆえの産物でもある(ブルデュ二〇〇一)。

こうした、関係性をめぐる流動性ないしは融通無碍な現地住民の傾向性、また、共有されたルールや規範・文化的価値の観点から、ある個人の行為を、その人物が帰属する文化や集団の一員として説明することの困難については、中東をフィールドとする他の研究者も明示的・暗示的に示してきた(池田二〇一八、ヴィカン一九八六、堀内・西尾編二〇一五、Eickelman 2002)。この問題についてここで研究史を振り返る余裕はないが、本論に関わる論点として次の点を確認しておきたい。それは、集団の一部として個人をとらえる代わりに、個々人がその場その場で置かれた文脈のなかでいかに生存や成功の機会を拡大するかを「実践」や「戦略」の語を用いて理解することがかなり一般的になったことである。客観的な社会経済的諸条件と、個々人がそれまで身につけてきた文化的・心的傾向性との交錯の中で、個々人は必ずしも相互に一致することのない、しかし結果的にはいずれの個人もなんらかの戦略にもとづく(それゆえに同じような形に収斂することもしばしばである)振る舞いに着目する視座が定着してきたと言ってよいだろう。そのような視点をもとに、レバノンをフィールドに「関係」や「戦略」の観点から現地社会をとらえたものとして、人類学者ジョアンヌ・ナチョ(Nucho 2016)に言及したい。

彼女の研究は、宗派を「道具的」にとらえ、いかに宗派を利用することで個人に有用な社会経済的資源を引き出すかを「戦略」として分析したものである。(2)

ナチョが研究対象とする宗派集団は、レバノンに住むアルメニア系住民である。彼女がフィールドワークを行ったのは、ベイルートの東側に隣接する、「ボルジェ・ハンムード」という名の自治体である。ここにはアルメニア系住民が多く住んでいるのだが、その一例として、アルメニア系の夫とアラブ系の妻からなる家族がとりあげられている。この夫婦は経済的に困窮していたため、とある支援団体に援助を求めることとなった。ナチョによれば、ボルジェ・ハンムードにはアルメニア系住民の支援を目的とした組織が複数存在しており(Nucho 2016: 74)、この団体はそのうちの一組織である。

さて、このアラブ系の夫人は、自身の夫がアルメニア系であることをもって、自分たちに支援を行うよう要請をした。するとこの団体は、アルメニア的な「母親」観(子の養育は母がするものである)にしたがって、支援を要請した人物がアルメニア系ではなくアラブ系ではあるが、他のアルメニア系住民に対するのと同じように経済的支援を行ったのである。

こうした資料をもとに、宗派とはこのアラブ系の妻が行ったようなクレイミング(申し立て)を通して不断に構築されるものであるとナチョは論ずる。妻が行ったのは、夫の宗派を根拠に社会経済的な資源へのアクセスを図るクレイミングの行為である。それを承けた宗派の側（この例に関しては、具体的にはアルメニア系住民支援団体のスタッフ）では、そのクレイムの妥当性を検討したうえで、支援の可否を決める。彼らによるスクリーニングは、ナチョの理解によれば、誰を宗派の内側／外側とするのかを決定する、包摂／排除のプロセスである。実際、この妻に対して、団体のスタッフはアルメニア系という宗派的境界の内側に位置づけることを認め支援を行った。その結果、アルメニア系住民という宗派の境界は一人のアラブ系住民の行為とともに「作り直され」「より強固」となったのである（Nucho 2016：92–93）。

筆者なりの理解を述べるならば、ナチョの議論の重要性は、宗派集団のメンバーシップを民族や文化的属性といった「本質」に求めていないところにある。もし、アルメニア系という宗派集団を「アルメニア人」であることに求めようとするならば、ここで紹介したケースは、アラブ系住民の行為がアルメニア系の宗派的境界の維持に強く関与していることになるため、うまく説明ができないことになる。しかし、ナチョのような構築主義的アプローチを採ることにより、クレイミングから派生する様々な成り行きのプロセスが観察の視野に入ってくるのであり、それ自体はアルメニア系ではない要素（すなわち、アラブ系の住民）もアルメニア系なる集団を構築するのに貢献しているととらえることが可能になるのである。

グローバル関係学の趣旨との関連で言えば、ナチョの研究ないしは構築主義的なアプローチが示唆しているのは、事物が構築される際にかかわる「関係」を見いだす範囲を広げることによって、アルメニア系とアラブ系とを別個の存在ととらえ、アルメニア系をピンセットでつまみ出すようにして、その内部構造（たとえば思想的傾向やアイデンティティ）の解析をもって一個の宗派集団であることを根拠づけるのとは異なる視座が開かれたのである。

本章は、一面ではこうした学問的潮流に棹さすものである。つまり、それ自体は宗派と関係ないようにみえる事物の中にも、その実、宗派につながりうる要素をフィールドワークの現場で見いだすことに本章は関心を持っている。言葉を換えれば、そのような「関係」への想像力が鍛えられるのがフィールドであると言ってもよい。ただし、「関係」へのまなざしを周辺的な領域へと押し広げた結果、ナチョが描いたような人びとの振る舞いとは異なる面が、筆者の調査資料からみえてきたと考えている。

二　民族誌的記述——宗派に関わる振る舞い

前節に記したナチョの議論から、レバノンの社会には関係性について考えるための格好の素材があるとみてとれるだろう。事実、この国には「中東」と聞いて我々がイメージするイスラーム教徒の存在に加えて、キリスト教徒、ユダヤ教徒もいる点で宗教的な多様性を見せるし、イスラームとキリスト教においてはそれぞれがいくつかの宗派に細分され、ユダヤ教も含め公式には一八の宗派集団からなると聞けば、それだけで社会の構造が複雑な関係性から成り立っているとのイメージが強まるに違いない。

さて、レバノンをこのように宗派の観点から把握することは、それが社会全体を体系的に示すようにみえるため、一面では便利な概念枠組みである。それはちょうど、東南アジアやサハラ以南アフリカの諸国・諸社会を多くのエスニック・グループからなる社会として把握することに相当すると言えよう。ただ、これらの国々の説明では民族が社会を構成する単位として採用されるのに対し、レバノンでは宗派が用いられる点が異なっていることは今一度確認しておきたい。また、社会科学的な概念である以上に、レバノン共和国自体がこれを宗派主義体制として実体化してもいる。さらに、一般の住民自身も彼らの「社会」を「多くの宗派からなる全体」であると想像し説明することがよくみられる。

ここで、グローバル関係学を考える上で興味深く思われるのは、「様々な宗派集団相互の関係からなる社会」としてレバノンをとらえるだけでは、レバノン人自身がどこか不充分に感じることがあるらしい点である。たとえば筆者の友人である日本在住のレバノン人は、レバノン情勢が日本のマスメディアで解説される際、やはり件の宗派的な枠組みが用いられているのを見て、「うーん、間違いじゃないけど、でも……」と言っていた。何かが足りないのだが、それが何かを端的に言い当てることが難しいようなのである。

とはいえ、宗派という基準の代わりに家族・親族、階級、ジェンダーなど他の社会学的概念が有効であると議論したいわけではない。もちろんそれらの基準を用いることにより、宗派ではみえてこないものがみえてくる可能性はあるだろう。むしろここで着目したいのは、レバノン人自身が宗派的な枠組みを自社会の説明に用いつつどこかで行き詰まり、言葉に詰まってしまうというそのありかたなのである。この点を考慮せずに親族や階級などの基準を持ち出すことは、ある面では分析的かもしれないが、他の面では、彼らが口ごもらざるを得ないという、そのありさまをいささか易々と見過ごすことになると筆者は考えている。

したがってここで検討したいのは、「間違いじゃないけど、でも……」と口ごもる、その沈黙を資料化し、グローバル関係学の視点として有用なものに鍛えていくことである。

ところで、ここで紹介する例が置かれていた文脈について補足的な情報提供を行いたい。筆者が現地調査を行っていた当時のレバノンでは、国内情勢が緊迫していた。一九七五年に始まったレバノン内戦が一九九〇年に終結し、戦後の復興についても一定の進展を見せていた時期であった。しかし、国内の政治勢力が二極分裂的な状態に陥り、中東地域の周辺諸国や欧米諸国との結びつきも交えて混乱した状態にあった。この間、政治家やジャーナリストの暗殺といった暴力的事件が断続的に続き、市民生活はそのたびに一時停止せざるを得ず、疲労や緊張が人びとにうかがえた。大きくは二極分裂にみえる情勢も、他方では宗派と結びついた形での、より細分化された抗争として人びとには受け止められ、一九九〇年に終結した内戦が再び到来し、レバノンが宗派のラインにそって分解するのではないかという恐怖を口にする者もみられた。現地住民の間では、諸勢力の間でいったい自分がどこに与するのかの態度表明が、時には必要以上とみえるまでに求められることとなり、それは家族・友人・大学といった日常の内部に亀裂をもたらすまでとなった。

このような状況下では、宗派に言及する行為はセンシティブなものになると容易に想像されよう。筆者自身、レバノンで調査を始めた当初は、ついつい初対面の人物にも宗派は何かと尋ねてしまうことがあったが、現地の文脈に親しむにつれ、そうした行為は慎むようになった。

とはいえ、レバノンの住民がある人間を宗派の観点から第一義的に把握しようとする傾向もまた確かに存在すると筆者には思われた。そのような、宗派による人間のアイデンティフィケーションとその否定との間で、人びとの振る舞いがそれぞれに形作られていく一面がある。

その一例を紹介しよう。[3] 筆者が調査地で知り合った一家の例であるが、仮にマフムードの一家とする。家族構成はマフムード、その妻、三人の息子であった。宗派はスンナ派イスラーム教徒である。ある時筆者はマフムード夫妻の自宅で、子供たちも交えてテレビを見ていたのだが、マフムードがチャンネルを変えていると、おそらくギリシア正教のものと思われるミサの様子が画面に映った。それを見た四歳ぐらいの息子は、テレビの画面を指さして「これはキリスト教徒だ(haida masihi)」と私に言った。

すると近くにいた母親はすぐに息子の腕を取って画面から離すと、「やめなさい(ʿayib)」と彼にきつく言った。それから私に向かい「似たようなものです(mitul baʿda)」と主張した。筆者は母親の慌てた様子や剣幕に対して驚き、何も言えずにいると、彼女は「イスラーム教徒とキリスト教徒は似たようなものです(muslim w masihi, mitul baʿda)」と強い口調で繰り返したのだった。

先に記したように、学術的なレバノン理解と、レバノン人の自己理解に通底する枠組みとして宗派主義的な理解をとらえるのであれば、この息子の振る舞いはごく普通のものにみえる。しかし、実際にそうした理解の枠組みが相互行為の中であらわにされた途端、それを打ち消し、取り繕うようにイスラーム教徒とキリスト教徒との類似性が主張される。口調こそ違っているかもしれないが、筆者には友人の「間違いじゃないけど、でも……」と、この母親の動揺ぶりには相通ずるものがあり、宗派主義とは、実際の相互行為において、コミュニケーションの限界に現れる沈黙であると映る。

宗派主義を、レバノンの社会や政治情勢を対象化し、それを距離をもってながめ、あたかも全体的な視点であるかのように説明される静態的な枠組みとしてのみ理解するならば、宗派主義が実際の現場で備えている、脆くて崩れそうな位置がみえなくなるのではないだろうか。そのようなことが、これまでのレバノン研究で指摘されてもよかったはずなのに、なぜかどの研究者も問題化しなかったと筆者は考えている。しかしグローバル関係学なるプログラムのもと、この点を考えることで、関係性をこれまでとは違った、新たな角度でとらえることにつながるのではないか。

ところで、この親子のやりとりは、当時のレバノンが置かれていた文脈に照らした場合、国内情勢が宗派的側面をともなって緊迫するなか、宗派の対立があらわになりそうな状況を抑制するための、母親によるとっさの判断であると理解することができるかもしれない。それは、息子をテレビから急いで引き離し「イスラーム教徒とキリスト教徒は似たようなものです」と主張することにより、その場がそれ以上緊迫しないための配慮という合理的な振る舞いを彼女がとったのだ、という理解といえよう。

筆者もそのような合理的解釈が一面では妥当することを否定しない。筆者自身がレバノン到着後、人びとの振る舞いに慣れるにつれ宗派についてあからさまな言及を避けるようになったことも、センシティブな話題を回避する合理性として、彼我の間に枠組みを共有するようになったからだと言える。しかしそこで解釈をとどめるならば、彼女が見せた動揺や取り繕いという、現場の人びとの行為にともなう質的な側面を結局のところ考慮しないことにつながる。これではフィールドワークの資料を充分に咀嚼したとは言えまい。

そこで筆者が目をとめたいのは、「イスラーム教徒とキリスト教徒は似たようなものです」という表現である。一見すると差異を隠すかのような言い方ではあるが、他方「似ている」という言い方は両者の差異を明示的には強調しないまでも暗示的にどこか「残す」ものである。言動の表層では合理的に振る舞ったかのようにみえて、その奥行きにまで目をこらすならば、彼女が避けようとする宗派間の差異を、実際のところは「残してしまう」言い方をしているのである。

人びとの振る舞いをこのように捉え直すと、調査地の住民が、宗派主義とは直接関係のない場面においても類似した振る舞いをしていることが目に入るようになる。次節ではこのような考えを示すことにより、本節でみた宗派にかかわる振る舞いが、より日常的な振る舞いの一部として相対化されるべきものではないかということを論じたい。

三　民族誌的記述——宗派の外へ

その出来事は、筆者がサァド（仮名）一家の家で遭遇した出来事であった。この家族は、筆者が調査地において一時期隣人だった人びとであり、その後筆者が別の地区で住居を借りたのちも親しくしていた。

ある日、筆者が彼らの家を訪れると、サァドは家の外でタバコを吸っていた。中には夫人と二人の娘がいるとのことである。筆者は夫人から台所に招かれたが、そこでは彼女たち三人がサラダや羊肉を囲んでいた。そこで勧められるままにブドウの蒸留酒もふるまわれ、しばらく談笑をすることとなった。

するとそこにサァドがやってきて、部屋に入るなり「イケダ、Mと話したいから電話を貸してくれ。ラバン(ヨーグルト)が欲しい」と言った。Mとはマロン派キリスト教徒の酪農家であり、牛乳やラバンを商品として調査地の住民に販売していた人物である。Mは当時、筆者の隣人でもあり、サァドの自宅を訪ねてきた際、言葉を交わしたこともあった。

そのため、サァドがMに時々ラバンを注文することは知っていたものの、自宅の電話ではなく、わざわざ筆者の携帯電話を借りて注文しようとすることが不思議に思われた。

とっさの思いつきで筆者は、いまは携帯を持っていないので、帰宅したときにMの家に寄って頼んでおくと答えてみた。実際には携帯電話を持っていたのだが、それまでの調査経験から、ひょっとすると何かが起こるのではないかとかすかに直観したため、このように答えたのである。

それを聞いたサァドは、「違う。ラバンはいらない。ちょっと話したいの」と言い放つと、台所を出てそのまま自宅の外に向かった。そもそもラバンを注文しようとして筆者に依頼してきたのにもかかわらずラバンは欲しくないと言い、また、サァドが少し声を荒げて答えたことが不可解に思われた。

要領を得ない様子の筆者に対して、長女が言った。「あれは、ラバンのことを話すと、Mは父が何を言いたいのかわかるのです。父にはビジネスがあるのでしょう。」自分にはお見通しであると言わんばかりの心得顔であったが、確かに筆者にもそれはわかるような気がした。なぜなら、物置に置いてある冷蔵庫をMが買ってくれるかもしれないと、時々サァドから教えられていたからである。また、現物を見にMがサァドのもとにやってくるのにも筆者は出くわしていた。すると、サァドはこの件で何かMと連絡を取ろうとしたのだろうか。

サァドが何を考えていたのかという点とは別に、筆者は彼の振る舞いかた自体により興味を覚えた。不要になった冷蔵庫を知人に売却するという、日常生活のひとこまに過ぎぬようにみえる事柄とはいえ、サァドには現金を手にする可能性を与える重要な局面である。そこへ、筆者とのやりとりがスムーズにいかず、奇妙な一言が漏れてしまった。

筆者にはこうした振る舞い、あるいは相互行為の成りゆきが、さきに紹介したミサの画面を指さすイスラーム教徒の場合と通ずるものがあると思える。宗派に関与する場面であれば、それを政治情勢の緊迫や宗派間の緊張関係といった、マクロな文脈から理解したくなるかもしれないが、同様な事態が宗派に関連しない場面においても発生しているのだとすれば、「なるほど、レバノンでは宗派がセンシティブな話題であるから、人びとは緊張が生まれそうになるとあわててこれを打ち消すのだ」と理解することは一面的なものとなる。むしろ、宗派が関係するしないにかかわらず、日常のなかではこうした曖昧な相互行為がおこなわれているのであり、この点がこれまでの研究ではみえてこなかったがために、宗派に依拠したレバノン理解にどこか偏りを感じるレバノン人の感覚もとらえられなかったと発想を変えていくべきではないのか。

そのためには、サァドが取ったような振る舞いが、現地の人びとのあいだで共有されたコードや説明体系のもとで理解されるのかを確かめる必要があるだろう。そこで筆者は、サァドの長女に「なぜ彼(サァド)はあのような言い方をしたのでしょうか?」と尋ねた。

それを聞いた彼女の表情からは、さきほどの得意げな様子がすっと消え、筆者から視線を外しながら「さぁ、私がそう思っただけです。それだけです」と冷ややかに言うと、酒の入った小さなグラスに口をつけたのであった。

後日筆者がサァドの家を訪れたとき、偶然にもMが冷蔵庫を運び出す場面に遭遇することになった。このことを考慮するならば、台所でのサァドの曖昧な言動は、ほぼ間違いなく冷蔵庫の取引に関するものと考えることができるだろう。

ここで筆者は、サァドの本当の意図が何であったかを問題とし、結果的に娘、また筆者の想定が当たったと強調したいのではない。むしろ、サァドの意図がまだ明確には判明していない段階で彼らが見せた、相互行為が進む際の振る舞いの仕方により興味を持っている。サァドが、冷蔵庫の取引を進めようと、筆者を介してMに連絡を取ろうとした際、サァドは自身の意図があらわになりそうになると慌ててこれを打ち消している。また、彼の娘は、サァドの振る舞いはなんらかの取引をめぐるものだと、自身の父親の意図を汲み取りながらも、筆者とのやりとりを通じてそれがあらわになり一般化されそうになった段階で、それは自分が考えただけのことであると、取り繕うように言ってそれ以上追及されることを避けている。

つまり、サァドもその娘も、サァドの意図が明るみに出されそうになるや、なんらかの形でそれが露見するのを避けるという意味では共通した振る舞いをしている。このことに着目したいのである。この見方を介することによって、先に見たテレビの例もまた、宗派間の境界があらわになりそうになった際、母親がこれを慌てて打ち消しており、サァドたちの振る舞いに類似した振る舞いがここにあることが見て取れるだろう。

なお、この類似性については、それがローカルな言語のもとで名付けられ概念のように把握することが可能な何かではないことにも注意したい。確かに、サァドの娘は、一見奇妙な父親の振る舞いが実際は何にもとづいているのかを推察することができた。しかし、筆者の質問によってそれが一般的な次元にまとめられそうになると、筆者の問いをかわすがごとく視線をそらしている。ある部分では言語的に把握されていながら、調査地やレバノンといったより広範な文脈では一般化されることなく消えてしまうものとして、この振る舞いはある。

ちょうど、冒頭で紹介したモロッコ人の人類学者とシンポジウム参加者たちとの関係のように、現地の住民は日常的にこれを行うが、学術の論理からはうまく言い表すことができずにおり、両者の側でなんらかの言語化が可能であるが両者ともに充分には言語化されない点が、ちょうどこの振る舞いにも言えるのではないだろうか。しかし、このいわく言いがたい領域に目を向けることにより、宗派が関与する領域と、宗派が関与しない領域とに、ともに広がる仕方で人びとは関係性を日々つむぎだしながら暮らしている。このような仮説的視点が得られるようになるのである。

おわりに――「主語」から「分節」へ

本章で論じてきた内容は、グローバル関係学が掲げる研究課題からすれば実に些細なものであることは筆者も認めざるを得ない。既存の見方では想定できなかったようなアクターを実証的に把握し、それによって新たな世界の見取り図を示すという目標にはほとんど到達していない。しかし、現地の人びとがどのような関係性のつむぎ方をするかということには筆者も関心を持って調査研究を行ってきた。本章では、現地に存在する実際の関係性とはどのようなものであるか、フィールドの目の前にある諸要素がどのような形で分節されていくのかを民族誌的資料を通して検討し、宗派に関する事柄とそうでない事柄とをともに視野に収めていけるようなフレームづくりの一端を示してきた[4]。

ここでの論述に妥当性があるならば、グローバル関係学に対して本章が示唆するのは、関係性を真にとらえようとするのであれば、アクターが何であるかを確定する前に、分節がどのような現れをするのかを現場で記述する作業が必要になることである。本章のそもそもの疑問に立ち戻るならば、複数の宗派からなる社会としてのレバノン理解の枠組みは、いわばアクターに依拠しすぎた説明として当のレバノン人に違和感を抱かれているととらえられる。それに対して本章が行ってきたのは、アクターという発想自体が退けられ曖昧にされてゆくかわりに、別種の分節がみえてくるし、おそらくその記述の方が現地の生活感覚により即しているのではないかと提示することであった。本書の序章で酒井が「主語のない世界」に着目しているが、本章はいわば「主語のない世界」をレバノンの文脈で検討したものと言えよう。主語はないかもしれないが分節は確かにある世界という理解の仕方を、ひとつの問題として提起したい。

注

本章の内容は、拙著(池田二〇一八)と重なる部分が多い。そのため、民族誌的資料は初出ではない。しかし、グローバル関係学を意識しながら、その構成や説明についてはあらたに稿を起こした。

（1）筆者は、西洋／中東の本質的な枠組みを設定する意図はない。

（2）宗派については、第二節で言及する。

（3）この箇所、および第三節での民族誌的記述は、拙著（池田二〇一八）を利用した。

（4）「分節」の重要性は安川一氏（一橋大学）のご教示による（深澤他編二〇二〇）。

参考文献

池田昭光（二〇一八）『流れをよそおう——レバノンにおける相互行為の人類学』春風社

ヴィカン、U（一九八六）『カイロの庶民生活』小杉泰訳、第三書館

深澤秀夫他編（二〇二〇）『「危機」にふれる——レバノンとケニアのフィールドをめぐるふたつの著作から』東京外国語大学アジア・アフリカ言語文化研究所

ブルデュ、P（二〇〇一）『実践感覚Ⅰ』今村仁司・港道隆訳、みすず書房

堀内正樹・西尾哲夫編（二〇一五）『〈断〉と〈続〉の中東——非境界的世界を游ぐ』悠書館

Eickelman, Dale F.（2002）*The Middle East and Central Asia: An Anthropological Approach*, Fourth edition, Prentice Hall.

Nucho, Joanne R.（2016）*Everyday Sectarianism in Urban Lebanon: Infrastructures, Public Services, and Power*, Princeton University Press.

執筆者紹介

酒井啓子（さかい・けいこ）　奥付参照．

松永泰行（まつなが・やすゆき）
1963 年生．東京外国語大学教授．政治学，国際関係論．

清水耕介（しみず・こうすけ）
1965 年生．龍谷大学教授．国際政治経済学．

石戸　光（いしど・ひかり）
1969 年生．千葉大学教授．経済学．

水野貴之（みずの・たかゆき）
1977 年生．国立情報学研究所准教授．計算社会科学，経済物理学．

山尾　大（やまお・だい）
1981 年生．九州大学准教授．イラク政治，比較政治．

久保慶一（くぼ・けいいち）
1975 年生．早稲田大学教授．政治学，比較政治．

池田昭光（いけだ・あきみつ）
1977 年生．明治学院大学教養教育センター助教．人類学，中東地域研究．

編集

酒井啓子

1959年生．千葉大学グローバル関係融合研究センター長．地域研究（イラク政治）．著書に『イラクとアメリカ』『フセイン・イラク政権の支配構造』（岩波書店）等．

グローバル関係学 1

グローバル関係学とは何か

2020年9月16日　第1刷発行

編　者　酒井啓子《さかいけいこ》

発行者　岡本　厚

発行所　株式会社 岩波書店

〒101-8002 東京都千代田区一ツ橋 2-5-5

電話案内 03-5210-4000

https://www.iwanami.co.jp/

印刷・法令印刷　カバー・半七印刷　製本・牧製本

ISBN 978-4-00-027054-0　　Printed in Japan